# DO FUNDO DO CORAÇÃO

Edson Saad – um legado de amor à medicina

# DO FUNDO DO CORAÇÃO

Edson Saad - um legado de amor à medicina

Eduardo B. Saad

Organização e redação:
Luciana Medeiros e Nelson Vasconcelos

Título: Do fundo do Coração

Copyright © 2024 Eduardo B. Saad

Editor: Sérgio França

Editora assistente: Nicole Cardoso

Projeto gráfico, diagramação e capa: Priscila Sousa

Redação: Luciana Medeiros e Nelson Vasconcelos

Revisão de texto: Gustavo Rocha

Registrado no Escritório de Direitos Autorais da Fundação Biblioteca Nacional, Ministério da Educação e Cultura. Proibida a reprodução total ou parcial desta obra sem permissão expressa do Editor (Lei n° 5.988, de 14 de dezembro de 1973). Todos os direitos reservados.

```
        Dados Internacionais de Catalogação na Publicação (CIP)
                  (Câmara Brasileira do Livro, SP, Brasil)

    Saad, Eduardo B.
       Do fundo do coração : Edson Saad : um legado de
    amor à medicina / Eduardo B. Saad ; organização e
    redação Luciana Medeiros, Nelson Vasconcelos. --
    Rio de Janeiro : Tinta Negra, 2024.

       ISBN 978-65-87370-06-4

       1. Cardiologistas - Brasil - Biografia
    2. Histórias de vida 3. Médicos - Brasil - Biografia
    I. Medeiros, Luciana. II. Vasconcelos, Nelson.
    III. Título.

                                             CDD-610.92
    24-192299                                NLM-WZ-100
              Índices para catálogo sistemático:

       1. Médicos : Biografia    610.92

       Tábata Alves da Silva - Bibliotecária - CRB-8/9253
```

Tinta Negra[marca do Grupo Editorial Zit]
Av. Pastor Martin Luther King Jr., 126 | Bloco 1000 | Sala 204
Nova América Offices | Del Castilho | 20765-000 | Rio de Janeiro | RJ
T: 21 2564-8986 | editora@zit.com.br | grupoeditorialzit.com.br

# DO FUNDO DO CORAÇÃO

Edson Saad – um legado de amor à medicina

Eduardo B. Saad

Organização e redação:
Luciana Medeiros e Nelson Vasconcelos

# Sumário

Apresentação [9]

Prefácio [15]

A origem: mundo árabe, infância brasileira [21]

O médico [39]

Professor [57]

Maturidade [99]

Despedida [135]

Agradecimentos [147]

Artigos [149]

# Apresentação

Eduardo Benchimol Saad

Este é um livro construído pelo amor, pela admiração, pelo orgulho e, na mesma medida, por uma responsabilidade: a de registrar e transmitir, às novas gerações, a personalidade e a vivência de um médico e professor que marcou época. Um homem que, para quem o conheceu — pacientes, alunos, residentes, colegas e amigos —, permanece inesquecível por suas extraordinárias qualidades pessoais e profissionais.

Meu pai, Edson Abdalla Saad, tinha a absoluta confiança de todos. Fazia por merecê-la.

Seu envolvimento com a medicina, a ciência e as ferramentas da tecnologia que estendiam a capacidade de tratar e curar eram integrais, 24x7, como se diz. Dedicação total. Ele era cardiologista, mas principalmente um grande clínico geral, um médico completo, que transmitia uma segurança emocional que raramente vi em outra pessoa. Ouvia confidências. Eu, na imaturidade da juventude, falava: "Você não é psiquiatra...". Mal sabia, na época, que essa disponibilidade era parte da sua rara e imensa competência médica.

Ao mesmo tempo, tinha uma vasta cultura baseada em filosofia, literatura, arte: o humanismo permeava todas os aspectos da sua vida. Tudo isso era abraçado pelo sentimento de lealdade aos amigos e de generosidade. Tinha na família uma âncora muito forte. Valorizava o laço com os antepassados, a família estendida, a cultura libanesa da solidariedade. Conosco, os filhos, podia dar pouco tempo quantitativo de convivência, mas era uma relação de imensa qualidade, de uma figura paterna que acolhe, dá segurança.

Mantinha amizades e conhecimentos no mundo inteiro e ajudou dezenas de médicos a sair do país, a treinar em centros de excelência, através de contatos dele. Não mantinha relação no ambiente estritamente profissional: frequentemente estabelecia uma amizade, saía, trazia para jantar em casa. Aliás, junto com minha mãe, sempre foi excepcional anfitrião.

Já trago há algum tempo, apoiado pela minha mãe, minha mulher Cynthia e meus irmãos, a ideia de contar, desde a formação, essa trajetória tão singular, tão sólida nos seus princípios, tão dedicada ao bem alheio. Uma espécie de carta para ele, extensiva a quem fez parte da sua vida familiar e profissional. Um retrato do homem extraordinário e do médico espetacular, que marcou tantos alunos, colegas, pacientes e instituições. Para esses, a lembrança é indelével e, para quem veio depois, um relance do gigante que ele foi.

A palavra "carta" tem uma razão de ser aqui. Em 1995, meu pai fez a apresentação do hematologista Halley Pacheco à Academia Nacional de Medicina. Resolveu dar as boas-vindas ao grande médico fazendo um discurso que era uma carta — para mim. Eu cursava medicina nesse ano, exatamente na alma mater de meu pai, a Universidade Federal do Rio de Janeiro. O recurso epistolar não era exatamente uma inovação, como ele mesmo disse naquela noite ("Já o fez o príncipe dos cirurgiões cardíacos, John Kirklin, que, com *A letter to Helen*, proferiu a lição inaugural de um congresso de cirurgia"). Não era inédito nem mesmo na vida dele: anos antes, havia saudado o professor Wigand Joppert na Faculdade de Medicina com *Um diálogo com Marcelo*, meu irmão mais velho.

A carta para mim é uma linda apresentação. "A cultura médica profunda, o trabalho árduo e impenitente, a dedicação que não conhece limites ou inconveniências pessoais, a cultura humanística que o leva a conhecer o ser humano e a transmissão do conhecimento a outros de modo a ajudá-los a crescer, plantando neles a semente da medicina e eternizando neles o espírito da ciência. Veja-me de novo, Eduardo, a repetir-me, fiel à lógica que me fascina, com Blaise Pascal: 'A palavra justa no lugar certo, não importando quantas vezes terá sido repetida'". Sim: a palavra dele era sempre justa e tranquila. Ao mesmo tempo, meu pai era a liderança pelo exemplo, não apenas pelo discurso.

No prefácio de seu *Tratado de Cardiologia — Semiologia*, depois de tecer considerações sobre o livro dentro de um panorama de constante evolução, meu pai deixou registrado um desejo: "Fica o compromisso do autor de atualizá-lo, no limite e além da sua sobrevivência física. Para tanto, foi meu colaborador, nesta edição, o Dr. Eduardo Saad, de início buscando atualização, material didático, discutindo comigo cada capítulo, cada frase deste livro. Espero que, sobre seus ombros, seu intelecto e sua juventude repouse a continuidade desta obra". Ele foi muito generoso — nessa obra, que até hoje fascina tantos estudantes e profissionais, o mérito é todinho dele. É por causa do pensamento dele, da cultura geral e da visão ampla da medicina, que esse livro permanece importante.

Nesse sentido, tratei de encarar esse relato de sua vida como uma resposta a essa responsabilidade. Vejo que a ausência dele traz, para muita gente, um sentimento que vai além da saudade — é uma orfandade, a perda de um protetor, de uma referência em segurança, saúde e cuidado.

Já quase finalizando a escrita, recebi uma mensagem especial de uma paciente minha que tinha passado por ablação. Não foi o único relato dessa ordem, muito pelo contrário, mas veio confirmar que a vida e o trabalho do meu pai na medicina são um legado sólido para quem o conheceu, um legado que acontece no dia a dia, na prática, e que tenho a alegria de constatar a toda hora.

*Boa noite, Dr. Eduardo! Estou bem, em casa e seguindo suas orientações. Comovida com os elogios que ouvi a seu respeito pela equipe da clínica, digo que já intuía que sua atuação profissional seria desse quilate, sendo filho de um médico tão bem considerado no Hospital Universitário. Foi por aí, Dr. Eduardo, que surgiu a tranquilidade para me submeter aos seus cuidados.*

*Com o Dr. Saad, convivi por conta de nossos cargos de coordenação na UFRJ — ele, do Serviço de Cardiologia e, eu, do Serviço de Nutrição. Na implantação do hospital e no período seguinte, tivemos muitos contatos em reuniões para a troca de conhecimentos sobre o funcionamento de todos os serviços e o caráter de integração incentivado pelo diretor, Dr. Fraga. Ali, contávamos todos com o apoio da direção para colocar em prática nossas ideias. Mesmo que o volume de trabalho impedisse contatos sociais como gostaríamos, algumas pessoas nos marcaram. Dr. Saad é inesquecível: a*

*maneira como me cumprimentava nas reuniões, nos corre-
dores, no estacionamento, com um aceno e um sorriso des-
contraído e gentil. Seu jeito polido de se expressar, de fazer
colocações assertivas e de mostrar sua habilidade para con-
duzir os assuntos tratados. Eram nítidos o respeito e a admiração que recebia de todos à sua volta. Emotiva como sou,
guardei essas cenas, que continuam produzindo bem-estar
ao serem revividas. Como eu poderia imaginar que seu filho
seria a pessoa a tocar meu coração?*

*Saiba que revisitar o passado, motivada por nossa con-
versa, me deu uma alegria imensa. Ao telefone, o chamei
de Dr. Saad e fiquei surpresa ao perceber que, do meu sub-
consciente, veio aquela fala tão própria do contato com ele.
Graças a Deus pude contar com você.*

Faltou enfatizar aqui, nesse prólogo, que meu pai foi um
professor vital, comprometido, apaixonado e apaixonante,
como veremos na narrativa. Tinha uma enorme paixão pela
universidade e realmente achava, do fundo do coração,
que educar e formar médicos era uma missão, um legado
para que os pacientes e as pessoas mais humildes tivessem
acesso a cuidados de saúde. Dizia mesmo que era o *payback*,
a maneira de devolver aquilo que ele recebeu ao longo da
vida — mesmo que tenha construído sua carreira com tre-
mendo e constante esforço pessoal.

Meu pai, enamorado a vida toda de minha mãe, tinha
um amor desmesurado pelos filhos e um enorme orgulho
de cada um de nós. Para mim, que segui seus passos profissionais, toda a sua vida é um legado direto no campo da
medicina e um chamado constante. Hoje, enquanto damos
os últimos retoques neste livro, estou me dividindo entre Rio
de Janeiro e Boston, onde assumi a posição de professor na
Harvard Medical School — e digo isso porque tenho certeza
de que ele está rindo de orelha a orelha com essa conquista.
Deve estar com a sensação de missão cumprida.

Como *chair* do Comitê de Relações Globais da Sociedade
Americana de Arritmias Cardíacas — Heart Rhythm Society
—, estou envolvido na criação de projetos educacionais para
o mundo inteiro e, assim, trabalho também com o conceito

do *payback*, projetando para o futuro a ideia de formação no meu campo para ampliar a qualidade do atendimento e treinamento de médicos, bem como melhorar o acesso da população aos tratamentos das arritmias cardíacas. É um sonho com inspiração na vida dele.

Aquele discurso de 1995, a carta para mim, terminava com "do seu pai, que muito o ama". Agora é hora de repetir, pelo inverso.

Fotografia tirada em 2 8 de 1

POLEGAR DIREITO

CONSELHO REGIONAL DE MEDICINA

ESTADO DA GUANABARA

CARTEIRA PROFISSIONAL

MÉDICO

Reconhecimento de Firmas

00/450

PRESIDENTE

SECRETÁRIO

CARTÓRIO CREP
22º. Ofício
TABELIÃO
Dr. Crepory Franco
SUBSTITUTO
Raymundo A. Wande
1º. Escrevente Autorizad
Mário Eglem de Ara
Sen. Dantas, 84 C-fund
GALERIA ED.DARKE
■O■

# Prefácio

Sergio Pereira Novis

Ao receber o convite para escrever o prefácio deste livro, que conta a história de Edson Saad, senti a profunda emoção de reviver nossa amizade. Durante a minha vida médica, tive a chance de conviver com esse verdadeiro modelo da medicina, que, cumprindo seu dever, não só se dedicou à carreira como deu frutos especiais — um deles é Eduardo, seu filho caçula, a voz que nos leva pela trajetória do pai ao longo destas páginas, junto com Cynthia Saad, esposa de Eduardo, conceituada pneumologista que trabalhou com o sogro. Uma cuida do pulmão, o outro, do coração — órgãos que trabalham um para o outro... Eduardo conta com a presença indispensável dos irmãos, Marcelo e Sergio, da mãe, Monica, e de tantos amigos, alunos, admiradores, pacientes.

É importante destacar o termo "modelo". Lamentavelmente, na atualidade, esses modelos são difíceis de achar na nossa carreira, o que me preocupa muito.

Para o estudante de medicina, antigamente havia sempre quem desse o norte do caminhar da profissão. Este livro revela aos jovens médicos que Edson Saad não só ensinou cardiologia, mas também a forma de atender o paciente, de acolhê-lo de maneira profundamente atenciosa, cuidadosa, clara, acessível; de explicar a doença, dar a perspectiva das terapêuticas que, no momento, a medicina tem para aquele mal. Vi, aprendi, testemunhei como era essencial dar ao doente segurança, tranquilidade e coragem para enfrentar as dificuldades da doença e dela se livrar.

Muitas vezes estive com Saad à beira do leito do enfermo. E era interessante ver que só havia um Edson Saad — seja com o paciente mais humilde, seja com alguém de potência financeira. Ele era o mesmo. Dava a mesma atenção. Essa é a demonstração evidente do seu amor invulgar pela medicina que praticava, pelo convívio com o paciente, que lhe trazia prazer e emoção de se sentir útil ao acolher aquele que se apresentava em momento de profunda preocupação.

Já se disse que o bom médico não é aquele que trata da doença, mas da pessoa que está doente. Dar importância a esses aspectos humanos da profissão a engrandece e faz com que o paciente melhore, não só física como psicologicamente, por se sentir apoiado, centro da atenção de alguém que é um líder na sua especialidade.

Edson Saad tinha origem libanesa e se orgulhava dela. Com frequência, se referia a essa origem que deu a ele, talvez, um começo mais difícil, mas também grandes qualidades que trouxe para sua vida profissional. Ele era absolutamente especial nessa prática, de sol a sol. Ia diariamente ao consultório. Não tinha horário para acabar. Trabalhava aos sábados para dar conta de tanta procura. Curiosamente, não respeitava muito o horário e a duração da consulta. Ele fazia o atendimento necessário para aquela pessoa. Seus pacientes, adequadamente habituados, aguardavam. Sabiam que valia a pena esperar.

Ele foi uma árvore que deu grandes frutos. Muitos de seus alunos e assistentes se consideram da escola cardiológica de Edson Saad. Eduardo Saad, seu filho, evoluiu pela Eletrofisiologia Cardíaca, que busca corrigir arritmias, isto é, quando o coração abandona seu ritmo clássico e começa a apresentar mudanças importantes que comprometem a saúde do paciente. A especialidade lança mão de métodos complexos, verdadeira arte médica. Tem uma brilhante carreira, que o levou aos Estados Unidos. Trabalhou na Cleveland Clinic e, mais tarde, foi para a Universidade de Harvard, atuando como eletrofisiologista cardíaco e professor assistente. Não deixou o Brasil, voltando frequentemente, o que considero uma atitude patriótica. Poderíamos dizer que Eduardo está atingindo a altura que seu pai gostaria de ver.

Edson Saad fez concurso para professor titular da Faculdade Nacional de Medicina da Universidade Federal do Rio de Janeiro, antiga Universidade do Brasil. Devo dizer que o concurso de professor titular, antes um longo processo de demonstração da competência, com provas práticas e teóricas, foi transformado, mais tarde, num simples julgamento de curriculum vitae. Isso roubou a possibilidade do surgimento daquele que, naquela especialidade, naquela disciplina, se destacava dos demais e lhe dava autoridade junto a assistentes, alunos e seguidores para formar a escola daquele professor, como ocorreu com Edson Saad. Era a comprovação do merecimento dos mais altos postos da carreira acadêmica.

Fica-se, talvez, imaginando que a dificuldade do surgimento de novos modelos se deve à mudança nesse ponto do regimento.

Nas aulas de Edson Saad, na Faculdade de Medicina, era comum encontrar professores de outras disciplinas, de outras áreas do conhecimento médico. Eu era um deles, um dos que iam ouvi-lo falar, porque sempre se aprendia com ele alguma coisa, não só na aula, mas na simples conversa.

Creio que este livro é uma das formas mais adequadas de estimular o ressurgimento de modelos, facilitando a vida do estudante de medicina. É absolutamente imprescindível, na sua leitura cuidadosa, rever as qualidades, comportamento e a maneira de ser daquele que se torna modelo em sua especialidade.

A verdade é que o mundo vai se transformando, e nem sempre para melhor. Repito aqui: é evidente, para quem convive com os estudantes de medicina, essa ausência de modelo para dar ao estudante a necessária segurança, o rumo.

Cabe lembrar vários aspectos da passagem de Edson Saad pelo Hospital Universitário. Fui seu companheiro na congregação da faculdade. Não raro, em assuntos que eram ali discutidos — alguns, delicados —, Saad pedia a palavra e, com sua clareza de expressão, a segurança nos seus conceitos, apresentava a solução para o problema. Conquistava a opinião de muitos e solucionava um momento difícil.

Esse era ele: sempre voltado para o benefício dos estudantes, da vida didática, dos seus pacientes. Saad foi, sem dúvida, um dos maiores cardiologistas da história.

Que bom que se teve a ideia de reverenciar esse modelo da medicina. Ele nos dá uma orientação importante: fazer da profissão o amor de sua vida e a ela se dedicar por amor ao próximo, pela vontade de ajudá-lo, sempre à base de muito estudo, de muito conhecimento das novidades, valorizando-as ou não, mas sempre atento a novos caminhos da medicina.

Edson Saad está aqui presente, desde suas origens até seus últimos dias, como condutor e influência, de várias maneiras, de incontáveis carreiras médicas — e me coloco nesse grupo, apesar de ser neurologista. Nossas conversas são inesquecíveis.

Teve como companheira de vida Monica, filha de um grande cardiologista, Aarão Burlamaqui Benchimol, seu predecessor na cadeira 9 da Academia Nacional de Medicina, onde eram frequentes suas manifestações — sempre adequadas, sempre corretas, sempre demonstrando sua boa vontade para contribuir para a solução de problemas.

Parabéns a Eduardo e seus irmãos, Marcelo e Sergio, por nos darem o prazer de rever e relembrar a história de seu pai. Monica, apoio indispensável, foi um braço forte que conduziu magnificamente a vida pessoal, orientando e exigindo na formação dos filhos — além de Eduardo, Marcelo, o mais velho, é um excepcional administrador e financista, e Sergio, engenheiro, é vice-presidente nos Estados Unidos de uma das maiores empresas do mundo, a IBM.

Para finalizar esse prefácio, conto uma história. Um dia, fui ao gabinete de Edson Saad no Hospital Universitário Clementino Fraga Filho. Entramos a falar da obesidade, mal que atingia tanto a ele quanto a mim. Às tantas, eu disse: "Saad, o mundo precisa de gordos. Se forem dizimados, será um mundo permanentemente em guerra, porque o gordo faz acordo, mas o magro faz a guerra. Assim, é necessária a existência de alguns gordos no mundo, alguém que, por uma série de qualidades, entenda-se como próximo, faça o acordo nas situações difíceis, apresentando uma solução aceita por todos — não uma solução agressiva, não a guerra, mas o respeito ao ser humano, procurando dar-lhe a tranquilidade, a oportunidade do trabalho e a paz de sua família, para que possa efetivamente entender sua passagem pela Terra".

Confesso que, ao ler esse relato, senti muito a falta das nossas conversas. Por outro lado, tive a emoção de vê-lo vivo, retratado com perfeição. Isso me trouxe enorme alegria. Saudades, meu querido Edson Saad, pessoa muito especial.

Muito obrigado.

Sergio Augusto Pereira Novis
é professor emérito da Universidade Federal do Rio de Janeiro (UFRJ), professor benemérito da Pontifícia Universidade Católica (PUC-RJ), membro emérito da Academia Nacional de Medicina (ANM), membro emérito da Academia Brasileira de Medicina de Reabilitação (ABMFR) e ex-presidente da Academia Brasileira de Neurologia (ABN).

# 1

# A origem: mundo árabe, infância brasileira

*"... um tio meu, Hanna, combateu pelo Brasão da República Brasileira; alcançou a patente de coronel das Forças Armadas, embora, no Monte Líbano, se dedicasse à criação de carneiros e ao comércio de frutas nas cidades litorâneas do sul; nunca soubemos o porquê de sua vinda ao Brasil, mas, quando líamos suas cartas, que demoravam meses para chegar às nossas mãos, ficávamos estarrecidos e maravilhados. Relatavam epidemias devastadoras, crueldades executadas com requinte por homens que veneravam a lua, inúmeras batalhas tingidas com as cores do crepúsculo, homens que degustavam a carne de seus semelhantes como se saboreassem rabo de carneiro, palácios com jardins esplêndidos, dotados de paredes inclinadas e rasgadas por janelas ovais que apontavam para o poente, onde repousa a lua de Ramadã."*

(*Relatos de um certo Oriente*, Milton Hatoum, Companhia das Letras)

Nunca fui ao Líbano, terra de meus avós paternos e de seus antepassados. Não por falta de vontade: quero muito visitar aquela terra de mar, montanha e neve, paisagens abertas, um pouco desoladas, talvez. Nos meus devaneios, podemos sentir no ar as civilizações tradicionais que há milênios vêm habitando a região: agricultores, pastores, comerciantes, navegadores. Fenícios, persas, gregos, turcos-otomanos, tribos de muitas culturas e religiões. É citado como um paraíso terrestre no Antigo Testamento e na Epopeia de Gilgamesh.

Acredito que esse quadro, fragmentado, mas muito potente, surja do que já ouvi e li, mas, principalmente, emerge daquilo que senti, percebi e captei de meus avós paternos, Calim e Evelina, e de Edson Saad, meu pai.

Por que falar disso? Por que ir tão longe para traçar a biografia de um brasileiro como meu pai? Porque a cultura libanesa estava viva nele. O povo libanês, de comportamento reservado e solene para uso externo, traz imensa capacidade de afeto, de doação, de solidariedade; segue, e exige, um rígido manual ético; preza quase desmesuradamente os núcleos familiares e carrega muita paixão. Com suas contradições, qualidades e dificuldades, seus ritos e saberes, os libaneses são importantes construtores do Brasil que conhecemos.

Em meu pai, as qualidades desse povo, me parece, foram sendo concentradas, trabalhadas e absorvidas na prática da medicina.

\*\*\*

Líbano. O nome do país vem do semita e quer dizer "branco", numa referência à neve que cobre o topo da cadeia de montanhas paralela à costa. Por ser uma fértil região agrícola, além de passagem estratégica entre Oriente e Ocidente, o Líbano sempre foi muito cobiçado, desde a Antiguidade. Tribos e aldeias de diferentes culturas se estabeleceram na região, várias vezes em conflito.

Um desses conflitos, já no século XIX, explodiu numa guerra civil opondo cristãos — maronitas — e drusos; camponeses e senhores de terras. Foi essa onda de violência, a partir de 1860, que provocou as primeiras diásporas regulares para o Ocidente. Atingiu especialmente vilarejos cristãos. Nesse período, o Líbano ainda era parte do império turco-otomano. É importante não esquecer que interesses bélicos e comerciais das grandes potências modernas estavam em jogo. O Canal de Suez foi inaugurado em 1869, intensificando ainda mais o tráfego comercial, e já havia uma respeitável produção do cobiçado petróleo, desde antes da Primeira Grande Guerra. Isso acirrava a violência e contrapunha a vida de costumes milenares dos povos à ambição da modernidade.

Houve outro impulso para que o fluxo migratório se dirigisse ao Brasil, antes da virada para o século XX. Nosso cosmopolita imperador D. Pedro II visitou o Oriente Médio em 1876. Fotografou e documentou essa viagem — saindo de Atenas, esteve no Líbano por apenas seis dias, em novembro, mas percorreu diversas regiões. Festejado como homem das letras, das artes e da ciência, nosso imperador fez um explícito convite aos libaneses que desejassem iniciar uma vida no seu país. "O Líbano ergue-se diante de mim com seus cimos nevados, seu aspecto severo, como convém a essa sentinela da Terra Santa", escreveu.

Quatro anos depois da visita imperial, assinalava-se a primeira leva de migrantes oriundos da cidade de Sultan Yacoub — a sudeste de Beirute, pertinho da fronteira com a Síria. Muitas se seguiram. O sentimento predominante nesse primeiro momento era o de "fazer a América" — ganhar dinheiro, juntar recursos e depois retornar. Mais tarde, outros grupos, como os da minha família, deixariam sua terra de vez, sem perspectiva de retorno.

Meus bisavós, os primeiros a vir para o Brasil, são de outra leva, mais à frente. A Primeira Guerra havia acabado. Os turcos-otomanos se enfraqueceram, e seus territórios foram caindo nas mãos dos vencedores: França e Inglaterra dividiram o butim territorial, estabelecendo, em 1922, os protetorados. Ingleses dominavam Iraque, Egito, Pérsia, Palestina e Jordânia. Franceses, Líbano e Síria.

A imigração, principalmente para as Américas, que era tímida, ganhou força a partir da guerra civil de 1860. Da virada do século aos anos 1930, o movimento se acelerou drasticamente. Entre esses emigrantes estavam as famílias Abdalla, Saad, Fayad e Sebba, de Kafaraka, meus avós.

## Vilarejo

Kafaraka fica a oitenta quilômetros ao norte de Beirute, perto de Trípoli e de Hamat, à beira de um largo vale do distrito de Koura. O nome é grafado também como Kfar Aaqqa e Kfaraakka, e vem do aramaico — "Kfar" é cidade ou vilarejo e, "Aka", é tristeza. Vila da tristeza, do desencanto, da dor. A microrregião, 350 metros acima do nível do mar, no lado ocidental da cadeia de montanhas, é uma das que produzem o

23

rico azeite do país. Em 2023, o censo crava menos de quatro mil habitantes, com predominância de cristãos ortodoxos.

Dessa aldeia, partiram para o Brasil diversas famílias, como a minha — a bem da verdade, de Kafaraka veio quase a aldeia toda, uma transferência de boa parte da comunidade. Predominantemente maronita, muito provavelmente o vilarejo havia sido massacrado nas guerras internas.

No início dos anos 1920, com o domínio francês, o ambiente mudou ainda mais — para pior. O povo libanês estava amedrontado e decepcionado com o rumo que o país havia tomado. Se antes a ideia era voltar depois de conseguir dinheiro e estabilidade, dessa vez a saída não era provisória — a maioria estava indo embora de vez.

Saíam os patriarcas, os filhos mais velhos; depois iam os mais jovens, as mulheres e crianças. Deixavam para trás sua terra, mas levavam consigo toda a cultura: o idioma, a cozinha, os hábitos, as diretrizes religiosas. Esses costumes arraigados permaneciam vivos, mesmo longe da terra natal.

## Desembarque

Meus avós, bisavós e os pais deles estavam entre os mais de 4,5 milhões de imigrantes que o Brasil recebeu entre 1872 e 1949. Buscavam os conterrâneos já estabelecidos, refazendo, em parte, suas comunidades.

Em geral, as viagens começavam em Trípoli ou Beirute, com parada na Itália. De Gênova, saía a maior parte dos navios para o Brasil. A viagem levava, em geral, entre dez e quinze dias, a depender da velocidade do navio, das correntes, das paradas. Para os passageiros da desconfortável terceira classe, devia parecer muito mais. Desembarcavam, por último, os imigrantes — muitos deles quase só com a roupa do corpo.

Sírios e libaneses eram comumente chamados de "turcos" por causa do secular domínio otomano. Chegavam sem qualquer subsídio do governo, que preferia "importar" gente de pele clara, como italianos — um desejo manifesto de parte das elites da época, o de promover um branqueamento da população. Peles azeitonadas e morenas dos libaneses, sírios e egípcios estavam fora desse objetivo.

A principal porta de entrada, em termos numéricos, era o movimentadíssimo Porto de Santos, um colosso já na segunda metade dos anos 1920, que escoava 90% do café produzido no Brasil, cujas lavouras se concentravam em São Paulo e no sul. Também saíam farelo, couro, fumo, cacau, carne, manganês, borracha, algodão, milho, lã, frutas tropicais. Era de lá que partiam os trens da Companhia Mogiana de Estradas de Ferro em direção à capital do estado, se embrenhando pelo interior paulista.

A terra tropical, o calor, a umidade, a língua incompreensível, algaravia, gente de olhares e perfumes tão exóticos. Provavelmente, chegar ao Brasil foi assim, o coração aos pulos, olhar perplexo frente ao ensolarado, vasto e estranho novo mundo.

\*\*\*

1926. Miguel Abdalla chega ao Brasil. O primeiro da família paterna de meu pai, Edson.

Os trilhos da Companhia Mogiana de Estradas de Ferro já se estendiam pela terra fértil, o solo roxo de onde brotava o café. Já havia uma numerosa comunidade libanesa estabelecida nas cidadezinhas ao longo do trajeto da ferrovia, a maioria trabalhando no comércio: no varejo, itens domésticos, tecidos, alimentos; no atacado, beneficiamento de produtos agrícolas, principalmente cereais.

O desenho da linha férrea da Mogiana e suas paradas parece mesmo ter influenciado a distribuição dos grupos de imigrantes. Há muitos estudos sobre essas comunidades, com o entendimento geral de que um primeiro imigrante se estabelecia em determinado local e atraía amigos e parentes. As redes de trocas, com casamentos entre as famílias libanesas, intenso comércio e laços de apoio se reafirmavam.

Vi esse efeito em primeira mão na nossa família estendida, no sentimento e na disposição de acolher e ajudar, marcas dos Abdalla Saad e que estavam tão presentes no meu pai.

Miguel Abdalla — e, dois anos mais tarde, seu irmão, Farid — foram para Igarapava, a última cidade do noroeste do estado, que tinha, claro, estação ferroviária da Mogiana e que foi das que mais receberam libaneses no interior de São Paulo. Na divisa com Minas Gerais, à margem do Rio Grande, Igarapava (que se chamou, até 1907, Santa Rita do Paraíso; o novo nome juntava "igara", canoa pequena, e "pava", porto, na língua tupi) havia sido local de passagem dos bandeirantes rumo ao interior do Brasil.

A mesma linha ferroviária, aberta em 1905, alcançaria em 1914 a cidade de Catalão, em Goiás, pelo ramal de Uberaba. Essas duas cidades seriam os lares de Edson Saad no interior do Brasil.

## Arroz

A identificação dos imigrantes com o comércio era, segundo historiadores, de ordem prática: não sendo donos de terras para plantio ou pecuária, como na terra de origem, restava enveredar pela venda de utensílios, tecidos e bugigangas, mascateando pelas fazendas. Daí vem a palavra "armarinho": da caixa em que carregavam a mercadoria, às vezes nas costas, às vezes em carroças.

Mas não foi o caso da família. O irmão mais velho de Miguel Abdalla, Farid, veio para o Brasil em 1928. Pouco a pouco, vieram também os outros irmãos — João, Jacob e Jorge. Farid não ficou. Decidiu voltar para o Líbano, numa "troca" com seu filho mais velho, Sami Abdalla Saad, que então desembarcou aqui. Todos iam para Igarapava, a maioria para as atividades ligadas ao beneficiamento do arroz, que era o ganha-pão de várias famílias, como a nossa.

Ali na região, produzia-se cana-de-açúcar, milho, algodão, café, feijão, amendoim e arroz. Alguns dos imigrantes mais ricos importavam máquinas de beneficiamento, que separavam a palha, o farelo e o amido — o grão propriamente dito. Saíam para o transporte ferroviário os sacos de 60 quilos, costurados um a um pelos meninos mais novos. As famílias trabalhavam juntas — e a comunidade árabe era uma grande família estendida. Cada casa tinha seu bule de chá sempre aquecido, quibes e doces à mão. Os homens se reuniam para uma pinga, um assado de ovelha e para ler jornais que chegavam, muito atrasados, do Líbano.

Não importava o tempo — o imigrante se deslocava no espaço, enquanto o tempo ganhava outra dimensão na memória, nos hábitos e costumes, no círculo de afetos, nos paladares.

Aliás, a comida é uma presença constante na vida dos libaneses. Ainda vamos falar muito disso, da relação de afeto e aconchego que meu pai tinha com a comida.

Miguel Abdalla, nascido em 1886, casou-se com Latifa. Tiveram seis filhos. O mais velho era Calim, meu avô, nascido em 1910, ainda no Líbano. Depois dele, vinham Abrahão Abdalla Saad (1915); Nadim Abdalla Saad (1918); Naim Abdalla Saad (1921); Yolanda, a tia Nonna (1924); e o caçula, Mário Abdalla Saad (1928). Naim estudou Direito e foi um grande advogado. Mário se tornou médico.

O pai, Miguel, morreria muito cedo.

— Ele vendia o arroz beneficiado. Era representante — conta Claudia Saad Magalhães, nossa prima, filha de tia Nonna. — Numa dessas viagens, ele faleceu de pneumonia. Era 1935, dez anos antes da descoberta da penicilina. Minha mãe tinha 10 anos de idade. Tio Calim, aos 25 anos, assumiu os negócios da família no beneficiamento e comércio de arroz, junto com o primo Sema, o pai de Mário e Jamil, e um outro primo, Salaguda, parente dos Nasser — o lado materno.

A outra parte da família, da minha avó Evelina, tomou rumo de outra cidade, também na linha do trem da Mogiana: Catalão, já em Goiás, 250km na linha reta do trem a partir de Igarapava, passando por Uberaba e Araguari.

## Catalão

*"O primeiro imigrante da família para cá foi meu avô materno, Nasr Fayad, de quem eu guardo as melhores recordações".*

*(Edson Saad)*

Há sempre muitas histórias entrelaçadas em famílias tão extensas e interconectadas. A do lado materno de Edson envolve um avô muito empreendedor — Nasr Fayad. Desde 1910, tinha uma casa de tecidos, calçados e material de construção junto com o irmão, Salomão. Com outro irmão, Alfredo, tinha negócios em beneficiamento de grãos — inevitavelmente — e numa nova e promissora atividade comercial: o fornecimento de energia elétrica. Salomão também fazia dobradinha com a representação da Chevrolet, recém-criada fábrica de automóveis. Um lugar de comerciantes bem-sucedidos, que atuavam no Triângulo Mineiro e em toda a região sul de Goiás.

Fayad e a mulher Nagib foram pais de oito filhos. A mais velha, nascida em 1914, se chamava Evelina. Minha avó. Ela teria vindo para o Brasil já com 13 anos — em 1927, portanto. Os outros filhos eram Najila (1918), Odette (1921), Labiba (1922), Julia (1925), William (1927), Wilson (1930) e Esmeralda — dez meses depois do irmão, também em 1930.

A importância social e econômica dos Fayad na região era indubitavelmente grande. Nasr mantinha contato com Pedro Ludovico, interventor e depois governador de Goiás, que planejava erguer a capital, Goiânia.

— Meu avô tinha posses e uma visão aguda do comércio — conta Jardel Sebba, nosso primo, filho de Odette, que foi inclusive aluno de meu pai na Universidade Federal Fluminense. — E decidiu erguer, nos anos 1930, um palacete em Catalão, apesar das facilidades que teria na capital. Essa casa enorme acabou sendo o ponto de gravidade da família.

Palacete dos Fayad em Catalão

Não é exagero chamar de palacete. De dois andares, com acabamento de primeiríssima — mármores italianos, cimento inglês, vidros e ferragens franceses. Registra-se a assinatura do pintor italiano Etore Clerice, uma celebridade da época, que fez afrescos retratando a fazenda de Fayad no Líbano e aplicando efeitos visuais em *trompe l'oeil*, com sua ilusão de tridimensionalidade. O estilo misturava todas essas linguagens arquitetônicas e a presença árabe.

O prédio serviu de residência para a família inteira — até os anos 1960. Foram saindo aos poucos.

— Tia Labiba, que não se casou, morou por lá até falecer, em 1997 — continua Jardel. Virou ponto de encontro de toda a família. Meu pai adorava passar temporadas por lá.

## Casamento

Uma notinha do jornal Correio Paulistano, em 1929, atesta que Calim — aos 19 anos — havia finalizado o curso comercial do Lyceu Sagrado Coração de Jesus, tradicional colégio dos padres salesianos, em São Paulo. Mas, com tantos parentes em comum, amigos e parceiros de negócios, a linha direta entre as famílias e seus jovens solteiros, disponíveis para o casamento, devia ser bem-azeitada. Não se sabe bem como, os dois se encontraram aqui, e o casamento aconteceu.

— Eles eram da mesma vila, e provavelmente as famílias se conheciam de lá — pensa Jamil Saad.

É possível que o casamento tenha sido tratado desde muito cedo. Ou não.

— Vieram outras famílias que casaram entre si — continua ele. — É tradição.

O casamento provavelmente aconteceu em 1934 — não há registros na família. O casal foi morar numa casa da Praça Sinhá Junqueira, em Igarapava, e os filhos viriam: Edson, em 12 de julho de 1935; e Miguel, dois anos depois. Foi nessa casa que Edson passou a infância: "Na minha época, não existia escola particular nas pequenas cidades", contou ele em entrevista ao professor Evandro Tinoco, em publicação da Sociedade de Cardiologia do Estado do Rio de Janeiro — SOCERJ. "Estudei em escola pública e no Ginásio Estadual Igarapavense".

Irmãos Saad na infância / Primeira comunhão de Edson Saad

É ali que também revela sua inspiração para cursar medicina, a partir do contato com "o Dr. Alcides Antonio Maciel, a quem eu rendo as minhas mais sentidas homenagens".

A cena de infância, tão determinante para a vida dele (e nossa), é descrita com a profundidade da impressão causada pelo médico. "Ele era aquele clínico e médico de família que todos adoravam. Um dia, me sentia profundamente mal. Uma sensação assim de que eu ia acabar. Ele morava do outro lado da mesma praça em que nós morávamos. Chovia às cântaras, e ele veio de guarda-chuva. Chegou molhado como um pinto para me ver. Quando eu vi aquele homem, senti que estava salvo. Essa foi a maior influência para a minha escolha da profissão médica".

Claudia Magalhães Saad, nossa prima, também se lembra do Dr. Alcides com nitidez.

— Uma lenda e um ídolo na cidade — ela completa. — Foi prefeito em diversas gestões. Era um homem elegantíssimo. No trabalho, usava impecáveis ternos de linho branco imaculado. Num local de terra vermelha, isso impressionava a todos.

Na já citada entrevista, meu pai não dá pistas da idade que tinha nesse episódio, mas sugere que tenha ocorrido na infância ou no início da adolescência. Isso porque a família iria se mudar para a vizinha Uberaba, cruzando a divisa com Minas Gerais.

— Por dois motivos — considera Jamil Saad. — Primeiro, houve uma certa migração do cultivo de arroz no interior de São Paulo em direção ao Triângulo Mineiro e, bem depois, mais para o norte, Goiás, Mato Grosso. A terra foi ficando cara para o produto e, em Minas, havia mais facilidade para comprar e beneficiar o arroz. Em segundo lugar, acredito que já pensavam em se mudar para proporcionar um estudo de nível mais alto para Edson e Miguel, e Uberaba tinha o excelente Colégio Diocesano, dos irmãos maristas.

Calim e seus sócios — entre eles o pai de Mário e Jamil Saad, Sema — se estabeleceriam na cidade. Uma nova vida para todos e, principalmente, um salto de qualidade na educação dos meninos.

## Uberaba

Fundado em 1903, o Colégio Marista Diocesano de Uberaba foi uma das primeiras escolas dessa ordem, surgida em 1817, na França, com o padre Marcellin Champagnat, que seria canonizado em 1999. A congregação marista se relaciona com a adoração a Nossa Senhora, como Irmãozinhos de Maria — outro nome da ordem na origem —, mas volta-se com especial atenção para a atividade educacional. A unidade de Uberaba foi uma das primeiras no Brasil: começou a funcionar em 1903. Hoje mantém um complexo impressionante de edifícios, quadras esportivas e jardins.

No finalzinho da década de 1940, a família se fixou na cidade mineira.

— A primeira casa era modesta. Ficava na Triângulo Mineiro, 45 — conta Jardel Sebba. — Meu tio foi prosperando. Comprou um terreno na rua Jóquei Clube, número 9, uma transversal da Triângulo. Ergueu uma casa boa, garagem grande, varanda, salas, quartos. Uma casa, para a época, de classe média alta. Ficaram lá até morrer.

O sócio de Calim, Sema, pai de Mário e Jamil, também foi para Uberaba.

No prefácio de sua tese para a aprovação como professor titular da UFRJ, defendida aos 33 anos, meu pai faz extensos agradecimentos — e começa pelo "Irmão Savino Cerise, mestre de filosofia e religião da juventude". Cerise era professor do Marista, tradutor e revisor. O desempenho do aluno Edson, no primeiro ano do curso científico, em 1951, traz boas notas e média final de 8,6. Seria sempre um bom aluno.

É certo que a escola foi decisiva em sua vida, cristalizando os hábitos de leitura e do estudo disciplinado que trazia de casa:

— Toda a família do tio Calim tem uma cultura muito grande. Liam os clássicos... Isso é muito importante para eles — conta Mário Saad.

Muito tempo depois, a passagem estelar de Edson pelo colégio, em Uberaba, era lembrada à família.

— Você não imagina o problema que foi para nós o fato de sermos parentes do Edson — afirma Mário. — Temos uns 20 anos de diferença, mas, quando eu entrei no Diocesano, os irmãos maristas mais velhos sempre perguntavam: "Você é primo do Edson? Então quero ver se é bom igual a ele. Tem que ser bom". Pressão, mas a gente tinha um orgulho danado daquilo.

Além da formação científica, literária e filosófica, os meninos Edson e Miguel se aventuraram pelo basquete. Bem, meu pai jogando basquete não é a imagem que eu tenho na cabeça... mas todos garantem que jogava até bem. Ele era alto para a média na época — tinha 1m83cm. Contam que, quando se despediu da escola para iniciar o cursinho e a faculdade no Rio de Janeiro, meu pai fez um discurso que ficou na lembrança de quem escutou.

A tal despedida foi no final de 1953. O rumo: Rio de Janeiro, capital da República, local que reunia quatro prestigiadas faculdades de medicina. Edson estava confiante. Conta o primo Jardel Sebba que um amigo duvidou da entrada no curso superconcorrido:

— Alguém disse para o Edson: "Não vai ser fácil passar no vestibular, não". A resposta dele foi: "Tem uma vaga? Se tiver só uma vaga, é minha".

## Calim e Evelina

É ponto pacífico, repetido por quem conheceu a família: meu pai era a mistura das grandes qualidades de sua mãe, Evelina, e de seu pai, Calim. Por isso, para entender o filho mais velho, parece importante falar dos dois e da história que construíram. São figuras realmente interessantíssimas.

Calim e Evelina, pais de Edson

— Tio Calim era muito inteligente, de uma certa cultura, mas era muito austero. Ele era o terror dos jovens e das crianças. Com ele, tinha que andar super na linha — lembra nossa prima Claudia Saad Magalhães.

Ela conheceu bem de perto os meus avós: viveu com eles em todo o período de cursinho e faculdade de medicina em Uberaba, a partir de 1972.

— Ele e tia Evelina eram opostos em temperamento. Ela era absolutamente receptiva e carinhosa e, ele, muito reservado, muito rigoroso com princípios e ideias, muito disciplinado no trabalho.

Meu avô foi o mais próspero dos irmãos. Ajudava muito a família e os amigos, contam, no laço intenso e na responsabilidade permanente. Era rígido. Meu irmão Sergio relembra, por exemplo, as aulas de direção que ele gostava de dar aos netos:

— Tínhamos 12, 13 anos. Íamos no carro dele, junto com papai, para uma estrada de terra, mas você tinha que dirigir exatamente do jeito que ele falava. Se fizesse alguma mínima coisa errada, ele assumia, e você não dirigia mais até a próxima vez.

Jardel Sebba, primo de meu pai por parte de mãe — é filho de Odette, irmã de minha avó —, dizia dele:

— Era autoritário e exigente. Orgulhoso, não gostava de perder nem das crianças no jogo de cartas.

Sergio confirma:

— Ele era rabugento ao extremo. Muito inteligente, jogava bem, mas tinha muito azar. Quando perdia para quem era inferior a ele em termos de experiência, xingava, ficava desesperado. Derrotá-lo era a nossa diversão.

Teimosia é outra característica associada ao meu avô Calim.

— Ele é do ramo dos Saad conhecido como "de gente muito teimosa" — confirma Jamil Saad. — Meu pai contava que, quando tio Calim era pequeno, um dos parentes mandou que ele levasse uma garrafa de café para o pai, na máquina de beneficiamento de arroz. Leva. Não levo. Leva. Não levo... O tio pegou o menino pela orelha, botou a garrafa na mão dele, o carregou até lá e falou: "Então, você veio ou não veio?". Ele respondeu: "Eu vim, mas trouxe você junto!".

A austeridade do meu avô era conhecida. Minha avó era, no contraponto, extremamente generosa. Segundo Jamil, com aquele jeitinho doce, ela o levava "na conversa".

Caça e pesca faziam parte das nossas férias. Jardel Sebba lembra com clareza das tardes com meu avô Calim, meu pai e meu tio, e ele próprio, bem menino, em Catalão. Sei que meu pai gostava mais da caçada e, meu tio Miguel, da pesca — aliás, meu avô também preferia o anzol.

— Junto com Miguel, ele ia longe para pescar — retoma Claudia. — Pescaria de alto-mar, no Rio de Janeiro. Iam ao Mato Grosso, onde há rios muito piscosos em áreas remotas.

Meus irmãos e Luciano, filho de tio Miguel, atiravam nos passarinhos com espingarda de chumbinho.

Mas, importantíssimo e fundamental, Calim era um leitor voraz. Lia os clássicos, filosofia. Valorizava tremendamente o conhecimento. Podia não ter educação formal, mas implantou nos filhos o amor aos livros.

## Doçura infinita

*"O lugar no mundo onde uma mulher pode se sentir a si, sem precisar dos machos árabes; na cozinha, eles são ajudantes. Abduhader, traga o azeite, Feres e Fuad, ajudem a cortar os tomates, depressa, meninos"*

(*Amrik*, de Ana Miranda)

Evelina com o neto Eduardo – o autor dessas linhas...

Meu irmão Sergio é quem conta:

— Vó Evelina fazia tudo, até o pão sírio. A massa no forno ia esquentando, tomando cor e, de repente, estufava, como um travesseiro. Ela tirava, servia, e a gente comia puro. Era a coisa mais deliciosa.

Uma cozinheira absolutamente fabulosa, pois até mesmo o pão, na simplicidade milenar de farinha, água e calor, saía daquelas mãos como um regalo extraordinário. Dos assados mais trabalhosos ao arroz cotidiano, do *hommus* aos doces árabes, era tudo um banquete.

— Se houvesse dez pessoas à mesa, ela prepararia quinze pratos: o preferido de cada um mais cinco para dividirmos — continua Sergio. — Quando os netos estavam pela rua, com amigos, à noite, ao voltar cada um encontraria sua comida favorita, e ela se levantaria da cama para a gente não deixar de comer.

Cozinhar, para ela, era um idioma de amor e de acolhimento do outro. Um deles. Jamil Saad conta que um médico da cidade, encarregado por Edson de zelar pela mãe, anunciava aos residentes: "Agora vocês vão encontrar aquela que todo mundo gostaria de ter como mãe".

Pequenina, de rosto doce e expressão sempre suave, a avó Evelina é inesquecível para quem a conheceu. A mais velha dos sete irmãos, filhos de Nasr Fayad e Nagib Matta Fayad, se casou com o mais velho de Miguel e Latifa Abdalla Saad. Minha prima Claudia, filha da irmã caçula, Iolanda, confirma que ela veio do Líbano já adolescente — 13 ou 15 anos, há versões diferentes —, mas que já tinha estudado em colégio francês.

— Era a pessoa mais acolhedora do mundo. Não só com a família, com que ela mantinha um vínculo fortíssimo, falava pelo telefone, escrevia às irmãs, mas com amigos, conhecidos, a comunidade. A gente conversava dois minutos com ela e não queria deixá-la nunca mais. Quando estava triste, a única manifestação era tombar o pescoço para o lado. O Edson tinha esse mesmo trejeito — lembra Claudia. — Uma qualidade muito rara nas pessoas, essa de acolher sempre e não sobrecarregar os outros com suas tristezas.

Sergio puxa ainda uma história deliciosa, que mostra bem a personalidade de Evelina:

— Em Uberaba, meus avós tinham um galinheiro. A gente, criança, pegava uma espingarda de ar comprimido para matar as galinhas. Matava um monte. Para não zangar meu avô, minha avó fazia todo dia um prato com galinha: arroz, empadão, tudo tinha galinha. Quando ele reclamava, ela dizia: "As crianças gostam", e continuava cozinhando galinha. Aliás, ela gerenciava as crises de autoritarismo de Calim com calma e bom humor.

Mesmo quando os filhos já tinham saído de casa, morando no Rio de Janeiro, e mais tarde casados e com suas famílias, ela continuava mimando os estômagos de todos. Mandava cestas de pratos salgados e doces.

— Uma barbaridade de comida — ri minha mãe, Monica Saad. — Fazia travessas de belewa, o doce folhado com nozes, que dá uma trabalheira enorme. A gente dividia com todo mundo.

Era assim mesmo: minha avó só ficava satisfeita quando a pessoa comia enlouquecidamente, sem parar. Meu pai foi criado desse jeito, nos preceitos da família libanesa. Isso se traduziria em problema depois, com o descontrole alimentar, mas era, com certeza, um link com o amor. Ainda vamos falar disso nesta história...

# Curso Gallotti Kehrig

## Medicina — Farmácia — Odontologia

TURMAS: MANHÃ — TARDE E NOITE
INÍCIO: 1º DE ABRIL — EDIFÍCIO REX — 3º ANDAR
EFICIÊNCIA REAL NOS VESTIBULARES DESDE 1937
CANDIDATOS APROVADOS EM 1954, NA ESCOLA DE
MEDICINA E CIRURGIA — (24)

1 — Edson Abdalla Saad — 1º
2 — José Carlos Bastos Cortes — 9º
3 — Otair Carneo — 12º
4 — Altair Veloso — 12º
5 — Munir Haikal — 13º
6 — Adib Fahed
7 — Wilson Sebba
8 — Iberê Brandão da Fonseca
9 — Natan Fizzon
10 — Wolney Paes Leme
11 — Tácito Ferreira Marcolini
12 — Nancy Ferreira dos Santos
13 — Samis Helou
14 — Jacob Zimelewicz
15 — José Aluizio Ragone
16 — Sávio Cruz Franco
17 — Francisco Edilson Pinheiro
18 — Habib Fahed
19 — Clovis Couto Rosa
20 — Severino Teixeira de Mendonça
21 — José Micelli
22 — Luiz Gonzaga A. Jorge
23 — Eduardo Wladamori
24 — José Caputo Moreira

### NA ESCOLA DE CIÊNCIAS MÉDICAS (17)

1 — Olegário Mainieri
2 — Any Rebentisch Heredia
3 — Dario Mendonça de Vasconcelos
4 — Pedro Paulo Castelo Branco
5 — Ceres Maria Jacobina Fragoso
6 — Antonio Dionisio das Chagas
7 — Célio Pereira Campos
8 — Hilda Schumer
9 — Eduardo Wladamori
10 — Abrão Huf
11 — Leônidas Rachid Jandy
12 — Jayme Specterow
13 — Alzira Ribeiro Dinamarco
14 — João Benedito B. Neto
15 — Expedito Geraldo S. Pinto
16 — Jairo Salgueiro
17 — José Adolfo Figueiredo

### NA FACULDADE NACIONAL DE ODONTOLOGIA (5)

1 — Carlos Cozendey
2 — Irany Melo da Mata
3 — Reginaldo Marins
4 — Aneth Rebentisch Heredia
5 — Andréia Ribeiro Campos

### EM FARMÁCIA E ODONTOLOGIA DO EST. DO RIO (4)

1 — Aurino Nery de Souza
2 — Moacir Roque Benevides
3 — José Geraldo de Felippo
4 — João Paulo Verçosa

# 2

# O médico

## No Catete

O primeiro número da revista O Cruzeiro do ano de 1954, de 2 de janeiro, trazia na capa uma moça de chapéu de palha e a chamada "Novas e inéditas aventuras de Sherlock Holmes". O conto se chamava *Mensageiros da Morte* — o autor aparecia com o nome completo, Arthur Conan Doyle — e surgia entre seções de humor, de moda, reportagens, fofocas da realeza britânica e do trepidante mundo das estrelas de Hollywood. A publicação trazia também a cobertura da visita do presidente Getúlio Vargas e seus ministros — incluindo o da Justiça, Tancredo Neves — à cidade de Muzambinho, no sudoeste mineiro, que tinha uma fábrica da "intrépida" indústria Antarctica Paulista.

Getúlio não chegaria ao final daquele ano. Combatido tenazmente — principalmente pelo jornalista e futuro governador do Rio, Carlos Lacerda —, ele se suicidaria em agosto com um tiro no coração, em seu quarto no Palácio do Catete.

No início de 1954, meu pai veio para o Rio de Janeiro. A ideia era fazer um ano de cursinho preparatório e enfrentar o vestibular para medicina. Foi morar exatamente a dois quarteirões do Palácio do Catete, onde se desenrolavam os dramas presidenciais. Ele conta, na entrevista à revista da SOCERJ: "Morei como estudante remediado numa pensão na Rua Correia Dutra (...). Não precisei trabalhar nesses anos para me sustentar".

O cursinho Gallotti-Kehrig ficava na rua Álvaro Alvim, paralela à Praça Floriano — ou Cinelândia, região bem central da capital do país. Por perto, o Theatro Municipal, o Palácio Monroe e uma vida noturna animada. "Eficiência real nos vestibulares desde 1937", dizia a propaganda do curso. Deve ter sido um tempo interessante. Pelo que conheço do Dr. Edson, estudava muito, o tempo todo. Mas, aos 18 anos de idade, certamente havia muito o que fazer para se divertir no Rio de Janeiro.

Quem esteve aqui na mesma época e frequentando o mesmo cursinho foi o tio Wilson Fayad, irmão bem mais novo da mãe Evelina. O vestibular, em janeiro de 1954, resultou num sucesso retumbante: passou em primeiro lugar para a Escola de Medicina e Cirurgia — atual Unirio — e em segundo para a Faculdade Nacional de Medicina da Universidade do Brasil, a UFRJ, que seria sua escolha e casa profissional até praticamente o final da vida — seu amor pela vida acadêmica nunca arrefeceu.

Começava o tempo das grandes e definitivas mudanças, do caminho que ele escolheu, amou e que o consagrou.

## Faculdade

Em 1954, a cidade do Rio de Janeiro — Distrito Federal — tinha três faculdades de medicina. A primeira escola do sudeste — e segunda no Brasil, depois da instituição na Bahia — foi a Nacional de Medicina, hoje UFRJ, criada em novembro de 1808 como Escola Anatômica, Cirúrgica e Médica do Rio de Janeiro. A atual Unirio era a Escola de Medicina e Cirurgia do Rio de Janeiro, denominação adotada em 1948. Começara a funcionar em 1912 como Faculdade de Medicina Homeopática do Rio de Janeiro. Já a Faculdade de Ciências Médicas do Rio de Janeiro foi fundada em 1935 por um grupo de médicos da Academia Nacional de Medicina. Do outro lado da Baía da Guanabara, fundara-se, em 1927, a Faculdade Fluminense de Medicina, que seria a Federal Fluminense a partir de 1965.

— Edson fez prova para todas — revela Jardel Sebba, o primo-irmão —, sempre se destacando nos primeiros lugares.

A *autoprofecia* — "Se tiver uma vaga, é minha" — se cumpria.

A Nacional de Medicina funcionava, desde 1918, num prédio icônico da Urca, na Avenida Pasteur, 458, frequentemente chamado de palácio por sua dimensão e imponência. Conta-se que o advogado Pedro Calmon, longevo reitor — ocupou o cargo de 1948 a 1966 — não se conformava com a insignificância da reitoria: dizia que parecia um consultório de dentista, alojado num pequeno prédio no Centro da cidade, na esquina da Rua Uruguaiana com a Rua do Ouvidor, em comparação com a Faculdade de Medicina. O prédio, com quatro andares, sinalizava o prestígio da instituição. Salões, anfiteatros, laboratórios, galeria de pinturas, átrio interno.

Foi nesse prédio grandioso que meu pai estudou. Nas palavras dele próprio, "Ser aluno da Faculdade Nacional de Medicina naquela época era profundamente agradável. Nós estudávamos na própria Faculdade. Para estudar Anatomia, nós tínhamos que subir quatro andares a pé, porque os elevadores eram destinados só aos professores. Mas era um ambiente em que as pessoas eram amigas umas das outras, uns sorriam para os outros, se gostavam. No intervalo do almoço, que naquela época era no SAPS (Serviço de Alimentação da Previdência Social), todos nós reclamávamos, mas comíamos intensamente. Nós discutíamos na porta da faculdade — política... Tudo! Resolvíamos todos os problemas do mundo e podíamos ter opiniões divergentes, mas, como dizia o professor Clementino Fraga Filho, não tínhamos desavenças. Era assim... extremamente agradável! Dentre meus colegas e maiores amigos da época, eu destaco Nadir Farah, Eduardo Viegas Filho, Habib Haber, Antônio Paes de Carvalho, Pedro Solberg e muitos, muitos outros".

## Capital médica

O Rio de Janeiro de meados da década de 1950 era o centro mais importante do país em termos de cuidados médicos. Getúlio Vargas havia fundado uma série de hospitais e institutos nas iniciativas de instalação da cidadania — processo complexo, especialmente aos olhos de hoje. Mas é fato: modificou o Brasil, tanto na fase ditatorial de seu governo quanto na etapa posterior, quando foi eleito.

Exemplo dessa estruturação varguista é a criação do Hospital dos Servidores do Estado, inaugurado no governo

Dutra, em 1947, e que se tornou uma potência em serviços médicos ao funcionalismo, à pesquisa e ao ensino. É considerado o primeiro hospital integrado, com registro evolutivo em prontuários, oficialização de prescrições — só valia o escrito —, centralização de laboratórios e serviços de radiologia, entre outras evoluções.

Ali também se criou a primeira residência médica do Brasil, um programa que já existia nos Estados Unidos há décadas. Dr. Luiz Bernardo Kac viveu essa época e conta: "No Servidores, o serviço de clínica médica se equivalia à universidade. Pessoal altamente competente, tudo de primeira geração em aparelhagem. Dizia-se que os diretores falavam diretamente com a Presidência da República — e os presidentes realmente se internavam lá, a exemplo do Figueiredo. O décimo andar do Servidores era o melhor hospital particular do Rio".

Foi lá que se instaurou pela primeira vez um serviço de cardiologia, autônomo e independente da clínica médica. O primeiro chefe desse serviço foi meu avô materno — Aarão Burlamaqui Benchimol, que permaneceu no posto até 1969.

Ali meu pai e seu futuro sogro se encontraram.

Mas não vamos adiantar a história. Nos três últimos anos do curso da Faculdade Nacional de Medicina, na segunda metade da década de 1950, os alunos passavam à prática em alguns hospitais conveniados — no caso de meu pai, a Santa Casa de Misericórdia e os hospitais Moncorvo Filho e São Francisco de Assis, todos na área central do Rio de Janeiro.

A tradicionalíssima Santa Casa, entidade beneficente, cuja fundação é atribuída ao Padre Anchieta, fica na Rua Santa Luzia. Já o Moncorvo Filho fica na rua do mesmo nome, antiga Rua do Areal. O prédio foi cedido à universidade pela família do pediatra Carlos Arthur Moncorvo Filho — que também fundou a Policlínica Geral do Rio de Janeiro — em 1935. O São Francisco de Assis, incorporado à universidade em 1939, na Avenida Presidente Vargas, era um edifício tombado de cinco pavilhões — hoje, infelizmente, em péssimo estado de conservação.

Na Santa Casa, com seus longos corredores, quem tratava da cardiologia era o professor Edgard Magalhães Gomes, um nome de enorme destaque. Foi quem realizou o primeiro cateterismo do Brasil, em 1942. Nesse ano, Dr. Edgard se tornou chefe da especialidade e criou o Instituto de Cardiologia da Santa Casa — muito antes que houvesse uma cadeira na faculdade. Também na Santa Casa, trabalhava e ensinava Clementino Fraga Filho, responsável por enfermarias de clínica médica desde 1957. O professor Clementino se tornou mentor e grande amigo do meu pai.

Já no Moncorvo Filho, a chefia era de Luiz Feijó, mais um grande mentor de meu pai, que comentou na entrevista à revista da SOCERJ: "Minha preferência pessoal, provavelmente por influência dos professores Luiz Feijó e Magalhães Gomes, era pela cardiologia, mas nós tínhamos uma cardiologia muito deficiente. Por isso, fui estagiar no Hospital dos Servidores do Estado, que, na época, era o mais bem-equipado do Rio de Janeiro, sob a orientação do professor Aarão Benchimol".

Pois é — o futuro sogro. Mas, no sexto ano, meu pai optou por outra especialidade: a infectologia, que ganhava corpo com novidades no tratamento de tuberculose e sífilis, por exemplo. Mais uma vez, ele mesmo comenta: "No sexto ano médico, pretendendo eu ter um conhecimento amplo de toda a clínica médica, sentia a necessidade de aprender mais sobre as doenças infecciosas. Nós não tínhamos, nos nossos serviços, uma enfermaria de doenças infecciosas. A enfermaria da faculdade havia sido fechada para reformas ainda durante a cátedra de [Joaquim] Moreira da Fonseca, e só naquele ano ela ficou pronta novamente, numa reforma realizada pelo professor Rodrigues da Silva. Foi quando eu senti a necessidade de ter maior conhecimento de doenças infecciosas. Fiz um concurso para interno desta cadeira, no qual fui aprovado. Passei um ano como interno dessa cadeira e, subsequentemente, o professor Rodrigues da Silva me convidou, em 17/12/1959, dias antes que eu recebesse meu diploma — é uma data que guardo no coração — para trabalhar com ele como assistente da faculdade, uma posição remunerada. Na época, ainda havia muita gente que trabalhava lá e não era remunerada. Isso, para mim, foi uma condição de sobrevivência no Rio de Janeiro".

Pois então, aqui a gente entende a primeira escolha do Dr. Edson. Afinal, para um rapaz de 24 anos, ainda não diplomado, receber uma proposta de trabalho remunerado é um feito.

Só que a cardiologia, que ele já vivenciava ao lado de grandes nomes na Santa Casa e no Hospital dos Servidores, iria se impor, inclusive pelo coração de apaixonado.

## No álbum

Na turma da UFRJ que se formou em 1959, estava o mineiro José Barbosa Filho. Dois anos mais velho que meu pai, namorava minha tia Eliana, também mais velha que minha mãe. Aos 14 anos, acompanhava a irmã de vez em quando. Ela conta que Eliana trouxe para casa — e exibiu — o álbum com

As duas fotos no álbum de formatura: de beca e à paisana

as fotos dos formandos de medicina. Cada um dos jovens médicos tinha duas fotos na coleção: uma, formal, com a beca; e outra, mais à vontade.

— Foram essas duas que eu vi no álbum dos formandos — conta Monica. — Vi e gostei. Falei: "Vou me casar com esse". Como é a vida, né? Mais tarde, ele disse: "Foi você que me escolheu".

Não era à toa que essas turmas de formandos fossem próximas da família. Meu avô Aarão, que eu já citei, foi uma estrela da cardiologia brasileira nos anos 1940 a 1960. Contam alguns que era uma estrela consciente, digamos assim, de seu brilho... Médico de presidentes e celebridades, o paraense, nascido em 1913, formou-se em 1935 na Nacional de Medicina, atuou na Segunda Guerra como médico e, já em 1947, era chefe do pioneiro serviço de cardiologia do Hospital dos Servidores do Estado. Foi ainda o primeiro titular de uma cátedra da especialidade no Brasil, a da Universidade do Distrito Federal, futura UERJ. A saudação pela entrada na Academia Nacional de Medicina, em maio de 1962, foi feita pelo mítico Dr. Magalhães Gomes.

Meu pai, aliás, seria mais tarde — dezessete anos depois — o primeiro titular de cardiologia na UFRJ. Chegaremos lá. Enfim, meu avô Aarão era o guru de novos cardiologistas, como José Barbosa Filho e meu tio Cláudio Benchimol, um dos expoentes da cardiologia do Rio de Janeiro, membro da Academia Nacional de Medicina. Cláudio fez uma carreira de sucesso e deu continuidade à clínica do professor Aarão Benchimol, meu avô. Meu pai e o cunhado sempre se deram muito bem.

Já para as filhas, Dr. Aarão estabeleceu regras rígidas de comportamento. As moças, alunas do tradicional colégio Sion, não tinham colher de chá.

Casamento no Outeiro da Glória, no Rio de Janeiro.

— Minha mãe falava "Deixa as meninas dançarem", e ele ficava lá. Não queria short, não queria isso, aquilo — lembra minha mãe, Monica. — Meu pai era cheio de história, mas fazia tudo o que queria. As regras eram pra nós. Pra ele, não.

45

Marcelo inaugurava a prole

Em 1959, minha mãe tinha 14 para 15 anos. Era menina mesmo. Foi ao baile de formatura e encontrou o "bonitão" da fotografia. Dançaram. Mas o namoro só ia engatar uns meses mais tarde, quando se encontraram numa peça no teatro do Copacabana Palace.

— Nessa noite, acho que tomou coragem e foi direto lá para nossa casa me pedir em namoro para o meu pai — se diverte ela. — Eu tinha feito 15 anos, e meu pai deu permissão, mas disse que eu só casaria com 18. A partir daí, namoramos, mas sempre debaixo de muita vigilância. Nunca fiquei sozinha com ele, nem na minha casa. Quando fizemos um ano de namoro, Edson quis me levar para comer a famosa lagosta do restaurante do hotel Miramar. Meu pai não deixou que fôssemos sozinhos, só se minha irmã nos acompanhasse. Desistimos. Era assim...

Um ano de namoro, um ano de noivado, e o casamento foi marcado para 21 de julho de 1962 na Igreja do Outeiro da Glória, uma joia barroca do Rio de Janeiro. Uma curiosidade: ao fazer a reserva da igreja, meu pai preencheu os formulários e assinalou que era filho de libaneses. Então o padre do Outeiro, de maneira bem ecumênica, decidiu que era fundamental ter um religioso maronita na cerimônia. O casamento foi, assim, celebrado por dois padres, misturando os ritos católico romano e maronita.

— As duas cerimônias são bonitas, mas a maronita é ainda mais deslumbrante — considera minha mãe.

Vieram todos os parentes de Uberaba, de Catalão. A festa foi na casa de Santa Teresa e, a lua de mel, em Caxambu.

Treze meses depois, nascia meu irmão Marcelo, o primogênito lá de casa.

## Na batalha

Como quase todo jovem médico, meu pai começou a vida profissional com aquela corrida atrás de plantões e postos de trabalho. Temos registros em jornais de época, como esse, de 6 abril de 1960, para "remoções do Hospital Paulino Werneck", ato do prefeito do Distrito Federal. Tradução: acompanhar doentes em ambulância. Soldado raso da medicina!

Primeiros tempos na labuta, entre atendimentos e congressos

Meu pai continuava ligado à cadeira de infectologia oficialmente até 1967, embora a cardiologia já estivesse em cena na vida dele. Na entrevista ao Dr. Evandro, ele conta: "Passei dois anos sem ter certeza do que eu queria, se a cardiologia ou a filha dele [do Dr. Benchimol]. Quando resolvi que queria a Monica, voltei para a cardiologia na faculdade, favorecido pela generosidade dos professores que me permitiram essa passagem".

Não deve ter sido tão simples se equilibrar entre duas especialidades, com tudo o que exigem, trabalho para se sustentar, casamento e família. Em 1961, o jornal Estado de S. Paulo reporta uma Assembleia Geral da Associação Médica Mundial realizada no Copacabana Palace, que tinha como tema os arbovírus, transmitidos por artrópodes como mosquitos, aranhas e crustáceos. Meu pai apresentou um trabalho sobre casos no Rio de Janeiro. Ou seja, militava no campo da infectologia. Ganhou o importante prêmio Gerhard Donagk (alemão que descobriu o primeiro antibiótico e ganhou um Nobel), da Bayer, na área das doenças tropicais, em maio de 1966. Dois meses depois, apresentou dois trabalhos no XXII Congresso Brasileiro de Cardiologia, ao lado do sogro. Haja disposição.

Marcelo, meu irmão, refletiu sobre essa troca. Ele diz:

— Meu pai me confidenciou vários comentários em torno dessa mudança, inclusive alguns bastante maldosos. Um dos médicos disse que ele estava inventando uma especialidade, a cardiologia tropical, já que, naquela época, a infectologia eram as doenças tropicais... Ele, provavelmente, chegou à conclusão de que a cardiologia tinha mais apelo profissional. É bom lembrar, sempre, que meu pai era um excepcional clínico geral e que, numa certa altura, grande parte das doenças, especialmente na cidade grande, envolvia o sistema circulatório e o coração.

Também me lembro do falecimento marcante de um empresário a quem meu pai tentara convencer a destinar dinheiro a pesquisas na área da cardiologia, reunindo papers que mostravam o crescimento das doenças cardíacas no mundo inteiro. A doença cardíaca é prevalente, em especial nos grandes centros urbanos, referências na área de saúde. Na opinião de meu pai, se você quisesse fazer o máximo pela humanidade, seria com pesquisa cardíaca, e não oncológica. Não sei se esse foi o motivo, mas não duvido nada que tenha pesado na decisão.

Logo que meus pais se casaram, o plano era seguirem logo para uma estada de três anos na Alemanha, num intercâmbio profissional, cujos detalhes se perderam no tempo. Enquanto isso, daria tempo para que as obras de um apartamento comprado na planta, em Laranjeiras, fossem finalizadas. De qualquer maneira, a viagem estava ali, na bica. Eles se instalaram provisoriamente na casa dos meus avós, em Santa Teresa.

Mas um contratempo dos mais preocupantes entrou em cena. Minha mãe começou a ter dor de garganta, tosse, febre, cansaço. Contam que não se descobria a causa, até que finalmente o diagnóstico bateu: difteria. Meu pai se recusou a viajar sem ela.

— Eu já tinha feito aulas de alemão. Ia, acho, pra Munique. Papai falou para o Edson: "Vai. Não perde a entrada. Eu a levo depois" — lembra minha mãe. — Mas ele não quis.

A ideia de um intercâmbio no exterior, porém, não arrefeceu. O novo rumo seria a Suécia, no Instituto Karolinska — conhecido por ser responsável, desde 1901, pela seleção dos agraciados com o Prêmio Nobel na área da medicina.

— Ele foi para Suécia quando Marcelo fez um ano — explica minha mãe. — Passei uns três meses com a minha sogra em Uberaba.

O Karolinska, tradicional e respeitadíssimo centro de pesquisas e hospital de Estocolmo, era muito conhecido principalmente entre neurologistas e radiologistas, em especial da radiologia intervencionista. Meu pai foi se especializar no cateterismo em cardiopatias congênitas. Quando voltou, costumava dizer que duas coisas o tinham particularmente impressionado na vida sueca. Uma, a sociedade bastante igualitária, com oportunidades para todos, e que valorizava a ciência. Meu avô Aarão uma vez escreveu sobre a passagem dele por lá: "Ali, conforme suas palavras, conheceu 'o que realmente significa a igualdade entre as pessoas e, sobretudo, o que significa um hospital universitário, voltado para os interesses da comunidade, onde o doente é prioridade, e o ensino decorre do excelente nível da medicina que ali se pratica'".

E a segunda... os carros da Volvo! "São os mais seguros do mundo", ele dizia. Aliás, meu pai levou essa paixão pelos carros Volvo a vida toda. Minha mãe continua tendo um da marca. O de Cynthia também é Volvo e, da família do meu irmão Marcelo, idem.

No retorno, a alegria de reencontrar a família e o susto do primogênito.

— Quando o Edson voltou, o Marcelo não o conhecia mais — se diverte minha mãe. — Ele fugia, dizendo: "Esse homem, não!".

Nem os brinquedos mais modernos que o pai havia trazido — como um trenzinho todo incrementado — fizeram milagre... foram semanas até o menino começar a se aproximar.

## Guanabara

A inscrição de meu pai no Conselho Regional de Medicina tem número 6220, referente ao ingresso na instituição em 30 de agosto de 1960. Atesta sua formatura em 17 de dezembro de 1959 e a expedição do diploma ("um mês depois", detalha). Era uma caderneta, exatamente como a carteira de trabalho. A foto é de um jovem sério, de óculos e... gravata torta. Solteiro, está escrito lá. Claro: se já estivesse casado, provavelmente sairia na foto com a gravata bem-ajustada...

Carteira de médico... com a gravata torta

Lá está a primeira anotação: fora contratado em 1º de junho de 1964 pelo Hospital Pedro Ernesto, na Avenida 28 de Setembro, ganhando Cr$ 126 mil. Corrigido o valor pelo índice da Fundação Getúlio Vargas, isso seria, em maio de 2023, R$ 6.338. O hospital era ligado à faculdade estadual, a Universidade do Estado da Guanabara, futura UERJ. A segunda anotação é da própria universidade, de junho de 1967. Contratado como "instrutor de ensino", ganhava NCr$ 9 ou R$ 153 nos valores de 2023. É inexplicavelmente pouco. O dólar, nessa época, estava cotado a NCr$ 2,7, e o salário-mínimo era de NCr$ 107, mas o salário seria gradativamente aumentado.

A anotação seguinte já faz mais sentido: fora contratado no Serviço Social da indústria, o SESI, em setembro de 1968, por NCr$ 568,11, correspondentes, em 2023, pelo índice da FGV, a R$ 7.447,70. O vínculo iria até 1997. Tudo entremeado por nomeações para hospitais públicos e serviços médicos na estrutura do governo — por exemplo, chefe da seção de inspeção médica do Departamento de Pessoal, em 1963, sob o jamegão do então governador Carlos Lacerda.

Logo se estabeleceu num consultório particular, num edifício do Largo do Machado, entre os bairros Laranjeiras e Catete.

### Férias

Uberaba e Catalão estavam sempre ali, nos esperando, de braços abertos, nas férias e festas. Meus irmãos mais velhos viveram bem mais intensamente os anos 1960 e 1970 — Marcelo, principalmente, mas Sergio também. Quando ainda eram crianças, a diversão devia ser maior.

— São boas lembranças — garante Sergio. — Íamos de ônibus, a família toda, 12, 13 horas, uma viagem superprazerosa.

Lá saíamos pra caçar e pescar. Meu avô ensinava a gente a carregar os cartuchos com pólvora, bala... Munição real. Assistíamos TV, bastante. Jogávamos cartas.

— A gente passava pelo menos um mês das férias em Uberaba. No começo, era legal. Depois comecei a achar chato — conta Marcelo. — Eu lia muito em Uberaba.

Livros, livros, livros — sempre por perto da família. Meus primos Mário e Jamil Saad se lembram de muita coisa daqueles anos — inclusive de meu pai chegando carregado de livros.

— Ele estudava nas férias, depois de formado, na casa da tia Evelina — relembra Mário. — Aquilo me impressionou muito. Foi marcante, uma inspiração. Ele estudava escrevendo. Meu pai falava: "Esse é um moço que está sempre com um livro ao lado. O amigo do Edson é um livro". Quando ele estudava no Rio, vinha de ônibus, e eles iam recebê-lo. Ele descia. Antes da mala, ele desembarcava os livros dele.

Jamil também recorda o processo de estudo e atualização do meu pai:

— Outra situação parecida: Edson, na copa da tia Evelina, com um monte de eletrocardiogramas, e a Monica recortando e colando os eletros para ele montar. Na época, eu não sabia o que era.

A capacidade diagnóstica e a empatia do então jovem Edson foram evidenciadas em duas situações que os primos trouxeram, e que vale a pena deixar registradas, na narrativa de Mário:

— Confesso que Edson nos inspirou a fazer clínica por conta dessa atuação. Foi em 1974. Eu tinha 17 anos, saindo do vestibular. Meu irmão Jamil tinha 14. Edson estava em Uberaba. Era Carnaval, e Jamil começou a ter fraqueza nos membros inferiores. Fomos a um pediatra local, que deu vitamina B12 para ele e nos mandou embora, dizendo que era cansaço da festa. Mas Edson foi lá e cravou o diagnóstico: Síndrome de Guillain-Barré, que é um distúrbio autoimune, em geral curável ou ao menos tratável, com sintomas como fraqueza muscular e ausência de reflexos. Ele fez um exame neurológico que me deixou absolutamente impressionado: um interrogatório e um exame físico, sem pressa nenhuma. Queria fazer a coisa bem-feita.

Perguntava, retomava a informação, refazia o exame. Enquanto ele não tinha a consciência de que estava caminhando para resolver o caso, não se dava por satisfeito. Tudo num espírito muito profissional e com muito amor e bondade.

Mário lembra outra ocasião em Uberaba em que lançaram mão da ajuda de Edson.

— Foi com nossa irmã mais velha, que teve uma síndrome do pânico. Edson saiu da casa da tia Evelina e foi lá, bem tarde. A gente não sabia bem o que era síndrome do pânico na época. A paciência e a conversa que ele teve com ela para acalmá-la e convencê-la de que ela não estava tendo nada além disso... foi impressionante. São duas atuações que não tiveram nada a ver com cardiologia, mas com a clínica.

Não há dúvida, e vale a pena repetir: meu pai foi inspiração para muita gente.

Meus avós Evelina e Calim também visitavam o filho no Rio de Janeiro, conta meu irmão Marcelo.

— Nossos avós paternos vinham do interior a cada dois, três anos. Mesmo com outra cultura e costumes diferentes, minha avó materna sabia fazê-los se sentirem bem. Eles gostavam.

Eu mal peguei essa fase — como sou quase temporão, é mais vaga a memória de vê-los na casa de Santa Teresa. Aliás, é hora de falar dela — a casa —, parte fundamental das nossas vidas, mas uma paixão do meu pai.

## Santa Teresa — e a casa

A vista espetacular dos jardins

No século XVIII, chamava-se Morro do Desterro uma das colinas que se erguem no Centro do Rio de Janeiro. Em alguns pontos, passa de 200 metros de altitude, o que representa ainda hoje uma subida árdua - até porque, com ligações para vários bairros da cidade, suas ladeiras e escadarias são bem íngremes, nada gentis. Lá do alto, descortina-se, a leste, a boca da Baía de Guanabara; a oeste, o Centro carioca, a ponte Rio-Niterói; ao fundo, as montanhas da Serra do Mar, incluindo o Dedo de Deus. Boa parte de suas encostas ainda está cercada pela Mata Atlântica, apesar da ocupação urbana desordenada, com muitos edifícios e casas nela encravados.

Em 1750, a pedido das freiras carmelitas Jacinta e Francisca, o governador Gomes Freire autorizou a construção de um convento dedicado a Santa Teresa D'Ávila, na área do morro em frente à Lapa. Trinta anos depois, quando foi concluída a obra — capitaneada pelo mesmo arquiteto do Aqueduto, do Mosteiro de São Bento e do Paço Imperial, José Fernandes Alpoim —, o nome do morro passou a ser o da santa: Santa Teresa.

Naqueles tempos, havia poucas chácaras no bairro. Com a chegada da Corte portuguesa, em 1808, o lugar foi sendo povoado. O clima e a distância do burburinho e do mau cheiro das ruas cariocas atraíram parte da elite local. Ao longo do século XIX, ruas foram abertas, e centenas de casarões foram erguidos em Santa Teresa, muitos no estilo palacete: casa quadrada, ampla, muitas com fachada de pedra, em meio a ricos jardins.

É exatamente assim a casa que fica bem no início da Rua Bernardino dos Santos. Ocupa uma espécie de cotovelo no encontro com a principal artéria do bairro, a Almirante Alexandrino — antiga Rua do Aqueduto. A obra começou em 1914 e levou quatro anos para ser concluída por culpa da guerra em curso, que dificultava a chegada de materiais do estrangeiro, e pelos métodos meio toscos da sua construção.

Reza a lenda que o então proprietário, Antônio Ribeiro Seabra, havia fotografado na Europa casas que fossem do seu gosto. Aqui, contratou operários que tentaram copiar o estilo desejado, mas tudo saiu um tanto à galega, digamos. A imponente residência pecava em diversos pontos — como a inexistência de escada interna ligando seus dois andares!

Seabra era português, nascido em Aveiro. Veio menino para o Brasil e tornou-se um comerciante muitíssimo bem-sucedido, sendo sócio e conselheiro da Companhia América Fabril.

Nossa casa em Santa Teresa

Sua fortuna se desdobrou em imóveis e investimentos financeiros. Casou-se com Maria Grandjean Lartigau, descendente de suíços, em 1888. O casal e os filhos Beja e Antônio se mudaram para o tal casarão em 1918. Os mais velhos, Abigail e Demócrito, já haviam se casado.

— A casa tinha um primeiro andar que era um porão habitável, com oito ou nove quartos — afirma Bernardo Schiller, nosso primo por parte de mãe, que cresceu no casarão. — O segundo andar era onde meu bisavô morava. Na parte de cima, eram três quartos muito amplos, escritório, hall, sala de almoço e até uma sala de cinema.

Histórias do Seabra são várias. Tem a da visita ao Santo Sepulcro, aonde ele chegou logo depois de comprar um par de sapatos que algum padre distraído acabou benzendo, em vez das relíquias. Não teve problema: o português transformou os sapatos bentos em relíquia e pediu para ser enterrado com o par, pois "já conheciam o caminho para o céu", como se conta na família. Assim foi, mesmo com seu dono tendo amputado as pernas, provavelmente por diabetes.

Dois anos antes do falecimento de Seabra, em 1941, ficava pronta uma outra casa que ele mandara fazer para a filha Abigail numa ponta do terreno, encomendada ao premiado arquiteto modernista Paulo Antunes Ribeiro. Pelo seu formato, é conhecida como "casa-navio". Casada com o médico e político Antonio Joaquim de Paula Buarque, em 1913, Abigail teve três filhas: Yole (1916), Marilia (1919) e Yedda (1922).

Pois é justamente pela linhagem de Abigail Seabra que a história do meu pai chega ao palacete da Rua Bernardino dos Santos, que ele tanto adorava e de onde saiu contrariado, como veremos. Minha mãe é filha de Yole, a mais velha, que se casou em 1941 com o prestigiado cardiologista Aarão

Benchimol. Os dois tiveram Eliana, Cláudio e Monica — minha mãe, nascida em 1944.

O casarão teve muitas fases. Foi alugado para o Hospital Silvestre no final dos anos 1940, enquanto a construção da sede não fosse finalizada, também em Santa Teresa. A família se mudou para um prédio vizinho. Quando o hospital foi inaugurado, em 1951, Abigail ofereceu a casa a Aarão e Yole, "que achavam o lugar grande demais", como diz Bernardo.

— Além do mais, a reforma seria cara — reforça ele. — Meu pai, Sylvio Schiller, e minha mãe, Yedda, sugeriram dividir a casa entre duas famílias, que gostaram da ideia. Nós na parte de baixo, Aarão e Yole na parte de cima.

Assim se fez, depois de uma cuidadosa mudança na disposição dos quartos e salas. Nos jardins, que se estendem por 8 mil m², foi construída uma bela piscina nos anos 1960.

Em tempos mais recentes, o bairro atraiu turmas de hippies, muitos artistas, gente de vida dita alternativa. Hoje é um recanto único no Rio de Janeiro e que sempre tem manhãs frescas e noites agradáveis, mesmo no verão inclemente do Rio de Janeiro.

Meus irmãos e eu crescemos nesse lugar. A vista é magnífica e, o espaço, privilegiado. Meu pai se apaixonou pelo lugar quando começou a frequentá-lo por conta do namoro com minha mãe. Foram morar lá depois de casados, a princípio com meus avós maternos. Depois apenas nós cinco ocupamos o segundo andar. Dr. Aarão e Yole se mudaram no fim dos anos 1970 para um amplo apartamento no Flamengo, e meu pai comprou a parte dos cunhados.

A casa, mais do que um endereço, se transformou numa referência para nossa história. Mais que isso: era um personagem importante e uma verdadeira paixão de meu pai.

# 3

# Professor

Em novembro de 1968, o jornal carioca Diário de Notícias publicou uma reportagem da série "Problemas da juventude", dedicada à Medicina. O primeiro dos quatro entrevistados era meu pai, apresentado como "docente de cardiologia da Faculdade de Ciências Médicas e da Faculdade Nacional de Medicina" — nas atuais UERJ e UFRJ. Os outros eram o oftalmologista e professor Werther Duque Estrada, o cirurgião geral João Fialho Filho e o pediatra Rafael de Sousa Paiva.

"A maior falha no nosso ensino é a falta de dedicação exclusiva [dos professores]", começava ele. "O governo não tem recursos para dar tempo integral nas 50 faculdades do país, nem para sustentar hospitais, que custam de NCr$ 10 milhões a NCr$ 70 milhões por ano. Faltam equipamentos e laboratórios".

Eram 50 faculdades públicas de medicina em 1968 — em 2023, são perto de 150, entre municipais, estaduais e federais, estas com 51 hospitais públicos vinculados. Os valores que ele menciona, atualizados também para 2023 pelo índice IGP-DI da Fundação Getúlio Vargas, são de R$ 126 milhões a R$ 880 milhões. Não mudou muito de lá para cá...

Mas ele prosseguia, abordando questões de currículo ("precisa de uma revisão em profundidade") e cravando observações que ainda poderiam ser feitas atualmente da mesmíssima forma: "O problema é que o estudante, nos dias de hoje, quer transferir a maior parte da responsabilidade do aprendizado para o professor. Esquece-se que aprendizagem depende muito da persistência (...). A geração atual é extremamente consciente, mas não tem uma escala de valores".

Chamava ainda a atenção para o paradoxo que persiste no Ensino Superior público do país, apesar dos avanços em termos de acesso. "Um estudante de medicina custa mais de mil cruzeiros [cerca de R$ 12.500 em 2023] ao mês ao governo. 80% dos alunos das nossas faculdades vieram de colégio particular, e 20% têm automóvel, mas querem encontrar tudo gratuito na faculdade, inclusive as refeições".

Sintetizava, dando sua visão a respeito da cátedra: "A grande função do catedrático é dirigir seu serviço, prover sua eficiência técnica, promover a pesquisa e formar uma equipe. Integrar o estudante ao serviço, procurando formá-lo e não só informá-lo, é a grande missão do professor da Faculdade de Medicina".

O ensino, grande paixão, era visto por meu pai como missão. Era como se, na cátedra, ele estivesse devolvendo ao mundo o que recebera. Sua vocação se manifestou cedo, muito cedo. Em 1962, como já vimos, ele estava contratado pela Universidade do Estado da Guanabara para atuar no Hospital Pedro Ernesto e ali ficou até 1968, como chefe de clínica no serviço capitaneado pelo sogro, meu avô Aarão, que foi o primeiro a concorrer à cátedra da especialidade no Brasil, em 1959.

Falar de meu pai dando aula é evocar um sentimento de orgulho. Ele era um professor inesquecível. O hematologista Rodrigo Portugal, que teve aula de cardiologia com meu pai na UFRJ, lembra do anfiteatro lotado. "Ele era como um popstar. Ninguém queria perder as aulas dele", lembra. Entendo bem o termo "popstar" aqui nesse contexto, mas nada mais longe do temperamento dele: era a humildade em pessoa.

Essa aura de professor idolatrado não demorou a se instalar. Na verdade, acho que a vocação e o estilo estavam lá, sempre estiveram. Cynthia, minha mulher, que é pneumologista, conta:

— Ele foi meu professor na cadeira de cardiologia, na parte de Semiologia cardiológica. Eu tinha uma admiração imensa por aquele homem. Ele entrava com carrossel de slides, às vezes dois ou três, e todo mundo ficava calado, mas isso porque a aula dele era um deleite, um negócio espetacular. Você não conseguia tirar os olhos. Ele tinha um primor não só no material que preparava e ia passando naquele carrossel de slides, mas na retórica, na maneira de falar, na eloquência.

Mesmo já sendo um "superstar", como dizem, era extremamente acessível. Cynthia confirma:

— Os ícones da época eram dois: Edson Saad e Sergio Novis, da neurologia. Ambos, incríveis professores e abertos aos alunos. A gente chegava, perguntava, era ouvido, era visto. Isso é importantíssimo. Foi fundamental na minha formação.

## Livre-docência

A carreira acadêmica do meu pai começou na conquista da livre-docência em 1967, em cardiologia, na Universidade do Estado do Rio de Janeiro, e em 1968, em clínica médica, na Universidade Federal do Rio de Janeiro. "[Na Uerj, apresentou] a então atualíssima tese 'Curvas de Diluição Potenciométricas com Hidrogênio e Ascorbato de Sódio'", lembrava meu avô Aarão Benchimol no discurso de saudação à chegada de meu pai à Academia Nacional de Medicina, em 1993.

Na UFRJ, apresentou a tese "Estudos sobre a Doença de Chagas". A dedicatória é singela e direta: "Aos meus pais, Calim e Evelina, imigrantes libaneses que me deram a vida e, com muito esforço, a educação. Deram-me sobretudo amor e os princípios que me norteiam". Uma segunda dedicatória abraça Monica, "exemplo de dedicação e amor", e os filhos "Marcelo, Sergio e Eduardo, pelo longo, longo tempo roubado ao seu convívio e para quem quero deixar um legado de dignidade e amor".

Tornava-se aí o mais jovem professor titular — até então — do Departamento de Clínica Médica, disciplina de cardiologia da UFRJ. Tinha 33 anos.

A epígrafe da tese é do poeta, romancista e músico bengali Rabindhranat Tagore (1861-1941): "A verdade parece vir com a última palavra; da última palavra nasce a próxima". Na mesma página, pouco abaixo, uma pequena introdução de Edson: "As ideias e conclusões aqui expostas resultam da análise sincera e meticulosa de um grande número de dados. O autor espera ter extraído fatos e verdades científicas. Cônscio das limitações do ser humano e, acima de tudo, das próprias limitações, ele os considera abertos ao debate — com o que se sentirá muito honrado, e do qual resultará algo realmente mais próximo da verdade".

Seguia ressaltando um aspecto que seria central na sua prática — o humanismo, o olhar para o paciente. Não dispensava a técnica, mas fazia dela, sempre, apenas o instrumento que servia ao médico.

"O presente trabalho retrata as investigações realizadas por mim e colaboradores na disciplina de cardiologia da UFRJ, entre 1972 e julho de 1977. Esta tese representa meu esforço continuado de investigação da Doença de Chagas nos últimos dez anos. Na escolha do tema, preferi evitar um trabalho baseado em sofisticada tecnologia para apresentar algo que represente meu tema de investigação principal na carreira do magistério".

Era esse o Dr. Edson Saad.

## Um assalto

O assalto nos jornais

Não se falava em outra coisa: a ida do homem à Lua. No dia 16 de julho de 1969, da Flórida, a Nasa enviou para o espaço, com toda pompa e circunstância, três astronautas que, quatro dias depois, conseguiriam alunissar o módulo Apolo 11. Eles fariam história ("Um pequeno passo para o homem" etc.), e o programa espacial norte-americano chegava ao seu ápice, no capítulo mais espetacular da chamada Guerra Fria e dos conflitos políticos-ideológicos que estavam em curso naquela década, mundo afora.

Nesse meio tempo, a sete mil quilômetros da Flórida, nossa casa em Santa Teresa foi o cenário de um episódio violento, que também tinha a ver com esses conflitos políticos-ideológicos. Por aqui, eram tempos de ditadura militar, com prisões e torturas por parte da direita e terrorismo da esquerda, com sequestros, assaltos e outras ações do gênero.

Pois foi na tarde de 18 de julho, uma sexta-feira, que um grupo de terroristas invadiu nossa casa em busca de um cofre, cuja origem se mistura com a própria marcha do país.

Reza a história que a confusão começou com Adhemar de Barros (1901-1969), político paulista que foi governador de São Paulo durante três mandatos e que ainda hoje é famoso pelo lema "Rouba, mas faz". Diziam que ele escondia o fruto das propinas que recebia em cofres que guardava em confiança na casa de amigos, devidamente trancados, sem que os anfitriões soubessem qual era seu conteúdo.

Um desses cofres foi parar lá em Santa Teresa, graças à amizade de Adhemar com minha tia-avó Ana Benchimol Capriglioni, que deu seu jeito para acomodá-lo em um armário com fundo falso no segundo andar da nossa casa. Não se sabe exatamente desde quando ele estava lá. Aliás, Ana teria ajudado Adhemar deixando cofres dele na casa de outros amigos, no Rio e em São Paulo.

Essa história chegou ao conhecimento de terroristas de uma organização denominada Vanguarda Armada Revolucionária (VAR-Palmares), que trataram de criar um plano para tirá-lo lá de casa.

A informação preciosa partiu de uma fonte de confiança: Gustavo Buarque Schiller, filho de Sylvio e da minha tia-avó, Yeda Schiller, que ocupavam o primeiro andar da grande residência. Pelo que foi apurado depois, Gustavo também tinha entrado para um grupo de esquerda, dos que pregavam guerrilhas urbanas. Com esse assalto, deu sua grande contribuição à causa.

Minha mãe conta que, uma semana antes da tal operação terrorista, Gustavo pediu que minha avó permitisse a visita de uns amigos para lanchar lá em casa. Assim foi — mas ela ficou de antenas ligadas durante a, como saberíamos, nada inocente confraternização.

— Ela estranhou muito os amigos do Gustavo — lembra minha mãe. — Eu estava em Uberaba com a minha sogra. Não vi o assalto. O Edson estava trabalhando, e minha mãe tinha saído para o dentista.

Assim foi que, por volta de três da tarde daquele 18 de julho, nosso vigia foi surpreendido pela presença de dez homens (bem-apessoados, terno e gravata, óculos escuros) e duas mulheres (vestindo minissaias, como garantiu a imprensa da época). Usavam três carrões: uma Aero Willys, uma Veraneio C-14 e uma Rural Willys.

Identificando-se inicialmente como policiais federais, bem armados com revólveres e metralhadoras, chegaram até a guarita e exibiram ao nosso vigia uma suposta ordem para entrar na casa. Meio desconfiado, ele não teve alternativa e abriu os portões. Os homens então o renderam, rapidamente estacionaram a Veraneio C-14 e a Rural Willys no pátio, bem em frente à porta principal da casa, e trancaram os portões novamente. Deixaram lá fora, na Bernardino dos Santos, o outro carro na cobertura.

Durante a confusão, encontraram Sylvio Schiller Filho, irmão mais velho do Gustavo e o único morador que estava lá naquele momento. Ele teve um tratamento um tanto bruto, digamos assim, pois tentou fugir, mas foi detido e teve os pés amarrados. Enquanto alguns dos bandidos se encarregaram de imobilizar e trancar na despensa os oito funcionários, as meninas rapidamente cortaram os cabos dos telefones. Curioso é que, na medida do possível, os criminosos foram educados com os funcionários, e chegaram até a oferecer cigarros a eles.

Aparentemente gentis, mas eram terroristas.

Quando já estava tudo dominado no térreo, alguns deles subiram para o segundo andar. Já sabiam onde estava o cofre: no escritório do meu avô. Pesava cerca de 200 quilos. Tinha um metro de altura. Deslocar tal peso não é tarefa fácil sem a prática e as ferramentas necessárias, mas os invasores deram seu jeito. Ainda tentaram usar uma espécie de prancha de madeira para fazê-lo deslizar com facilidade para o térreo, mas ele acabou despencando escadaria abaixo, danificando alguns dos degraus de mármore. No fim, embarcaram-no num dos carros e tocaram todos casa afora, cada qual em uma direção.

A operação durou menos de 30 minutos, que era o tempo planejado pelo pessoal da VAR-Palmares. Dias depois, o cofre foi localizado, aos pedaços, no Rio da Morte, no Recreio. Fora aberto com ajuda de um perito. Descobriu-se, mais tarde, que Adhemar havia guardado ali nada menos que US$ 2,45 milhões. Considerando a inflação, em 2023 esse valor seria o equivalente a cerca de US$ 20 milhões.

Ana Capriglione garantia à imprensa, através de seus advogados, que o cofre de Santa Teresa estava vazio. Foram muitas reportagens em torno da ação, com Ana posando de "amiga" quando já se sabia que era ela o famoso "Dr. Rui" com quem Adhemar tanto "se reunia", uma das passagens anedóticas da nossa vida política.

Essa confusão toda deu muito o que falar. A investigação levou à descoberta de que Gustavo Schiller era o informante principal, como já vimos, com o envolvimento de nomes importantes para as ações de terrorismo e da repressão da época. Falar mais disso aqui talvez não venha ao caso. Seria retomar uma página infeliz da nossa história e, pior, iria nos desviar do nosso assunto principal.

Naquela altura, 1969, meu pai estava às voltas com a mais recente revolução na cirurgia cardíaca: o transplante de coração.


## Transplante

Meu pai era muito interessado em tecnologia como ferramenta auxiliar para os diagnósticos. Em primeiro lugar, claro, havia toda a conversa com o paciente, o toque, a escuta. Só então ele recomendava exames mais complexos. Essa é a base da prática dele, que já comentamos.

Como também já vimos, a segunda metade do século XX foi de enorme aceleração na tecnologia médica. Ou seja, ele foi contemporâneo de uma longa série de inovações tecnológicas na área de cardiologia. Teve a perspicácia de não as ignorar, muito pelo contrário.

Por essas e outras, não deixa de ser curioso que, no calor da novidade, meu pai tenha parecido tão pessimista em relação ao transplante de coração. Foi uma cirurgia revolucionária.

Em 1964, o americano James Hardy realizou, no Mississipi, o primeiro transplante cardíaco usando o coração de um chimpanzé. O paciente já estava em alto risco havia algum tempo. Então partiu-se para a última alternativa para manter sua saúde. Menor do que o coração humano, o órgão do chimpanzé conseguiu substituir o original do paciente, e bateu durante 90 minutos. Não deu certo, mas o caminho estava aberto. Diga-se que o mesmo James Hardy tinha feito, em 1963, o primeiro transplante de pulmão.

O primeiro transplante cardíaco considerado bem-sucedido só ocorreria em 1967, graças à habilidade do cirurgião sul-africano Christiaan Neethling Barnard. Ele transplantou o coração de uma jovem, que morrera em um acidente, para Louis Washkansky, de 54 anos. A cirurgia ocorreu na Cidade do Cabo, e o paciente sobreviveu por 18 dias. Nos meses seguintes, transplantes cardíacos seriam feitos também nos EUA, no Reino Unido e mundo afora.

Como não poderia ser diferente, a cirurgia chegou ao Brasil. Foi em 26 de maio de 1968, no Hospital das Clínicas da Faculdade de Medicina da USP, sob a batuta — ou bisturi — do professor Euryclides de Jesus Zerbini. O paciente — um lavrador de 23 anos — sobreviveu por 28 dias. Foi o primeiro transplante da América Latina.

Desde então, a descoberta de novas drogas para o pós-operatório, sobretudo a partir dos anos 1980, garantiu a sobrevida de milhões de pacientes em todo o planeta. No primeiro momento, o índice de rejeição era alto, e muitos receptores morreram em menos de três meses.

Talvez por conta desse índice ainda temeroso, meu pai manteve durante um bom tempo suas dúvidas sobre a eficiência da cirurgia. Deixou isso claro publicamente, por exemplo, em um debate promovido pela revista Manchete, já no início de 1968 — e antes da cirurgia comandada pelo professor Zerbini.

O jovem jornalista Ruy Castro — hoje membro da Academia Brasileira de Letras — reuniu seis especialistas para discutir a novidade: além do meu pai, estavam os cardiologistas Mário Anache, Éverton Marques e Isaac Faerchtein, e os cirurgiões Mariano de Andrade e Cid Nogueira.

O meu pai, já na primeira pergunta do repórter, disse que seria difícil responder, naquele momento, se o transplante era uma aventura ou uma evolução, uma decorrência natural do desenvolvimento científico. Afinal, as informações estavam disponíveis até então, por aqui, apenas através dos noticiários, nada de literatura especializada, então não havia dados científicos suficientes.

"Ao que me parece, porém, os que estão fazendo os enxertos ainda não resolveram os problemas biológicos básicos. É uma experiência muito ousada, muito entusiástica, pouco científica e pouco justificável. No estado atual, não pode ser vista ainda como uma decorrência de uma evolução", respondeu meu pai.

No resto da entrevista, meu pai ficou mais quieto — pelo menos é o que percebemos no material que foi publicado pela revista. Seus interlocutores, em geral, eram mais otimistas — mesmo concordando, aqui e ali, que o Brasil talvez devesse ter mais cuidado com o procedimento, até pelas dificuldades sociais e financeiras do país.

"O transplante é uma cirurgia antissocial, como disse o professor Mariano de Andrade. Talvez isso seja a última coisa a se pensar no Brasil, que deveria concentrar todos os seus esforços na medicina preventiva", disse meu pai.

Mas o tempo, a gente sabe, é o senhor da razão. Na já citada entrevista à publicação da SOCERJ, meu pai foi questionado sobre quais seriam as dez maiores conquistas da cardiologia que ele teria vivenciado. Sua resposta:

"A criação da eletrocardiografia, da ecocardiografia, o RX de tórax, o cateterismo cardíaco, a cardiologia invasiva, todas elas. Possivelmente, a ressonância magnética e a medicina nuclear associadas. Agora, a cardiologia ligada à genética, com o uso da célula-tronco."

Isso merece um comentário.

Passados 55 anos desde o primeiro transplante, e mais de 20 desde a entrevista, o índice de sobrevida em um ano, com qualidade de vida, está em 90%, além de acompanhamento mais eficiente.

Quanto à célula-tronco, o hype que surgiu no início dos anos 2000 ficou por ali mesmo. Havia muita esperança de que o tratamento fosse eficiente para regenerar os tecidos do coração, mas a verdade é que, infelizmente, ainda não deu certo. Não evoluiu nos últimos 20 anos, como se esperava. Hoje a célula-tronco tem aplicações limitadíssimas, quase nenhuma, na cardiologia.

## Cateterismo

A história da medicina é também a história de muitas tecnologias revolucionárias, e a arrancada especial se deu a partir de meados do século XIX. Exemplos não faltam. Para curiosos em geral, não especialistas, pode ser interessante dar uma conferida nas obras da americana Lindsey Fitzharris, historiadora da medicina que faz muito sucesso contando, em linguagem simples, como alguns cientistas e médicos persistentes — às vezes, agindo quase à beira da insanidade — conseguiram mudar, para melhor, a vida de milhões de pessoas.

Foi assim com o cateterismo, por exemplo — que, aliás, tem uma história bem curiosa, exemplificando essa paixão sem limites pela medicina. É uma das abordagens diagnósticas e terapêuticas mais determinantes no avanço da cardiologia, com a introdução de cateteres nas artérias dos braços ou pernas até o coração.

Meu pai, muito cedo, mergulhou na prática do cateterismo,

com sua especialização no Instituto Karolinska, na Suécia, como já contamos aqui. Quando ele foi para a Europa, em 1963/64, a era da hemodinâmica estava começando a se consolidar no Brasil — embora os registros apontem que os primeiros cateterismos no Rio de Janeiro foram realizados no final dos anos 1940 por Arthur de Carvalho Azevedo. Na década seguinte, Nelson Botelho Reis liderava os procedimentos no Hospital Moncorvo Filho e na Santa Casa.

Quando meu pai voltou da Suécia, tornou-se uma das referências na técnica, atuando principalmente no Moncorvo Filho, no serviço do Dr. Luiz Feijó.

A história do cateterismo é muito interessante e demonstra como são tortuosos alguns dos caminhos da ciência. O procedimento foi concebido e testado, no fim dos anos 1920, por um residente de cirurgia cardiovascular alemão chamado Werner Forssmann. Ele tinha apenas 25 anos.

Essas intervenções estavam longe de serem seguras naquela época, por vários motivos. Forssmann sugeriu que, pela sua flexibilidade, um cateter urinário poderia ser "facilmente" inserido nas veias dos pacientes, chegando, por exemplo, ao interior do coração. Assim, serviria para medir a pressão arterial, por exemplo. Havia experimentos com inserção de cateteres em animais — um, muito famoso, no século XVIII, quando Stephen Hales, fisiologista e inventor inglês, inseriu tubos nos cavalos para medir a pressão sanguínea.

Mas Forssmann estava proibido de testar sua (arriscada) hipótese em seres humanos. Decidiu que a cobaia seria ele mesmo — foi uma "corajosa iniciativa", escreveria meu pai no livro *Semiologia*.

Primeiro, Forssmann teve que convencer uma enfermeira da Universidade de Berlim a ajudá-lo. Já durante a experiência, contou também com assistência da equipe de Raio X do hospital, que registrou o cateter uretral subindo-lhe pelo braço e chegando até o átrio direito do jovem estudante.

Sem entrar em detalhes técnicos aqui, sabemos que a invenção do Forssman foi debatida e descartada. Acabou meio esquecida, até porque veio a Segunda Guerra, e ele esteve preso. Também não aceitou facilmente o desprezo dos colegas e a incredulidade de todos.

Nesse meio-tempo, entre os anos 1940 e 1950, o franco-americano André Frédéric Cournand e o americano Dickinson W. Richards aperfeiçoaram o cateterismo, tornando-o ótima ferramenta para diagnóstico de doenças cardíacas. Houve um salto na tecnologia de imagem. Novos materiais substituíram os cateteres de náilon e borracha. Novos desafios e soluções surgiram com o aperfeiçoamento da cirurgia cardíaca. Resultado: em 1956, Forssman, Cournand e Richards receberam o Prêmio Nobel de Fisiologia ou Medicina.

Bem, a experiência de meu pai com o cateterismo foi intensa, especialmente no início da sua carreira. Mesmo quando já não realizava pessoalmente as intervenções hemodinâmicas, tinha imensa familiaridade com o procedimento. Costumava acompanhar os pacientes submetidos a coronariografias e angioplastias.

Isso reforça a lembrança de uma das mais fortes características de meu pai, a dedicação à chamada "medicina baseada em evidências", hoje uma ideia bem mais disseminada e valorizada nos grandes centros médicos. Ele realmente estava muito à frente do seu tempo nesse sentido, ao seguir as condutas e adotar os tratamentos que tinham embasamento científico, com muito rigor.

Basta lembrar a impressionante biblioteca que ele reuniu e as mais de vinte revistas médicas internacionais que ele assinava e colecionava. Era a determinação de estar sempre atualizadíssimo, contando ainda com uma memória espetacular. Citava de cabeça detalhes de artigos e pesquisas, chegando a lembrar pormenores, como números percentuais, numa exatidão estarrecedora.

## Humanista à beira do leito

Essa história serve para reforçar que uma das características do meu pai era a combinação de curiosidade, detalhismo, exigência e disposição para aderir às novas tecnologias, diferentemente de parte da sua geração, que fugia das novidades. Com sua base humanista mais do que estabelecida, ele sabia — e ensinava — que a tecnologia é uma ferramenta criada por seres humanos para servir aos seres humanos, e não o contrário. Ele acreditava no conceito de tecnologia como extensão das habilidades de cada um. Colocava em prática tudo isso, e foi assim que encarou a evolução aceleradíssima da medicina nas últimas décadas de vida.

Meu pai era da geração que aprendeu (e ensinou) a auscultar e tocar os pacientes, sem pressa, com profunda atenção. Assim, a partir dali, conseguia entender o que estava acontecendo no coração, no abdômen e nos pulmões de quem ele estava atendendo. É tudo uma questão de conhecer o ritmo, as pulsações, as variações de cada um — com respectivos descompassos. Não é só talento. É experiência, e assim funcionou durante séculos.

Comecei a estudar com meu pai na cadeira de Semiologia, que ele normalmente não assumiria, mas, quando eu passei por ali, resolveu dar a matéria. No terceiro ano, o acompanhávamos nas visitas aos doentes, e vi muitas vezes como ele valorizava essa prática. Meu grupo tinha aula aos sábados. Ele ia para o hospital com a gente, escolhia o paciente, e a gente examinava.

Ele gostava de propor desafios a si mesmo. Chegava à beira do leito e dizia ao paciente: "Não me conte nada". Queria fazer o diagnóstico só olhando para o doente, sem tocar e sem fazer manobras. Muitas vezes, ele ia raciocinando — se tem isso, é porque tem aquilo; as possibilidades são essas... e ele chegava a três, quatro possibilidades. Aquilo era impressionante. Ele acertava na esmagadora maioria das vezes. Eu passei a ter outro nível de admiração. Ele tinha uma capacidade de raciocínio incrível que, até então, eu não tinha nenhuma possibilidade de avaliar.

Sobre isso, vale a pena destacar um trecho da entrevista à SOCERJ: o relato da visita de médicos britânicos, nos anos 1960. "A Escola Inglesa é notável pelo seu senso de observação, senso de raciocínio, pelo crescimento que ela deu à cardiologia;

foram as grandes contribuições pelo raciocínio diagnóstico que sempre me fascinavam (...). Dr. Wallace Brigden veio ao Brasil, ao Moncorvo Filho, com Mr. Holmesellors, cirurgião cardíaco. Para surpresa nossa, eles operaram uma semana, e só iriam embora quando o último paciente estivesse bem ou morto. Não deixavam nenhum caso aqui para resolver. Esse médico ouvia, fazia questão de ouvir histórias em uma língua que ele não entendia, prestando atenção, como se ele estivesse examinando o rei da Inglaterra. Era impressionante para mim! A capacidade de exame físico dele era inacreditável, e isso na época em que os valvulares congênitos eram os *enfants gâtés* da cardiologia. Colocava o estetoscópio em um lugar e não voltava lá mais. Já sabia tudo o que precisava saber. Até que, no último dia, nós o levamos para fazer uma visita à enfermaria. Ele tinha que errar alguma coisa! O primeiro caso que ele viu foi uma tuberculose ileocecal, que certamente ele não vê todo dia. Analisou as chapas de RX como se fosse um radiologista. Nas suas hipóteses diagnósticas, ele colocou, em primeiro lugar, tuberculose ileocecal, e era! Foi um exemplo de formação médica continuada da profissão, o fato de não abandonar os conhecimentos da medicina geral, o que está voltando na medicina de hoje".

O professor Clementino Fraga Filho dizia que jamais ficássemos de pé ao visitar o paciente: ao nos sentarmos, estávamos sinalizando que o tempo ali era dele, que nossa atenção seria para o doente.

No livro *Semiologia*, meu pai fez um resumo da evolução das técnicas de diagnóstico que ele mesmo presenciou a partir dos anos 1950: "O avanço da cardiologia se fez por um fantástico desenvolvimento de métodos complementares de diagnóstico, aí incluindo-se a ecocardiografia, o cateterismo cardíaco, a angiocardiografia, a monitorização eletrocardiográfica ambulatorial contínua, a monitorização da pressão arterial e a ressonância nuclear magnética".

Foi a partir dos anos 1970 que o cenário começou a mudar bem mais rapidamente. Os computadores estavam ensaiando dominar o mundo, e não seria diferente na área da medicina — nesse caso especial, facilitando muito os diagnósticos, que se tornaram cada vez mais precisos. Começava a medicina da máquina.

É o que o professor Evandro Tinoco, da UFF, que foi aluno do meu pai nos anos 1980/1990, chama de transição entre uma medicina *low tech* para a medicina *high tech*.

Pois bem, como já falamos por aqui, meu pai era muito bem-informado, não só pelas amizades que soube cultivar, como também pelas numerosas revistas científicas que ele assinava e lia. Assimilava tudo o que havia de mais moderno na cardiologia e, por isso mesmo, não fugia das tecnologias. Para ele, o uso racional dessas ferramentas tinha muito a ver com unir ciência e arte.

Daí ter se tornado um adepto de primeira hora do uso de cateterismo aqui no país. Quem lembra disso é a amiga Nair Bacelar, uma de suas milhares de pacientes. Certa vez, ele disse a ela que faria um procedimento rápido. Enquanto ele fazia os preparativos, ela falava sobre isso, aquilo, aquilo outro.

— Lá pelas tantas, o Dr. Edson me pediu, com toda aquela educação dele: "Dona Nair, por favor, não fale muito, não. Este aqui é meu primeiro cateterismo".

Deu certo. Ela ficou quietinha. Isso foi nos idos dos anos 1960, e é claro que aquele não era o primeiro cateterismo do meu pai — tanto que o professor Wolmar Pulcheri lembra de tê-lo presenciado ensinar o procedimento a um grupo de alunos, naquela mesma época, no hospital Moncorvo Filho, como já citamos:

— Saad foi um pioneiro na área de cateterismo de diagnóstico de doença coronariana — diz o hematologista. — Ele foi referência.

E continuou sendo. As fontes de informação e suas viagens fizeram-no estar por dentro de "novidades" como ultrassom, ressonância magnética, radioterapia, ecocardiograma, tomografias, cintilografias... Cada um a seu tempo, esses recursos demandaram a atenção do meu pai, para sorte de seus alunos e pacientes.

Há registros da luta de meu pai por melhorias na estrutura

dos serviços médicos, buscando aparelhos e tecnologia aperfeiçoada. Um dos muitos exemplos foi em 1974, na Santa Casa. Foi ele quem batalhou pelos aparelhos de ecocardiografia, exame que chegava ao Brasil tendo, como um dos pioneiros, o amigo Nélson Souza e Silva. Usava-se um aparelho alemão logo superado. Em seguida, ele conseguiu dinheiro junto ao CAPES, Coordenação de Aperfeiçoamento de Pessoal de Nível Superior, órgão do Ministério da Educação, para um mais moderno ecocardiógrafo Smith-Kline. Ele se virava.

Essas e outras histórias mostram também a importância do investimento em tecnologia — ou melhor, na tecnologia correta. É um ganho não só para o paciente, mas também para as instituições e, claro, para o profissional, que abre seus horizontes. É bom o profissional pensar nisso, qualquer que seja a área de atuação na medicina.

Fica o recado. E, a propósito, o amigo Cláudio Domenico, também cardiologista, lembra de uma curiosidade sobre o oxímetro, aquele pequeno aparelho que a gente encaixa no dedo para conferir a saturação de oxigênio no sangue e que ficou muito popular durante a pandemia de Covid. Pois bem, hoje um bom oxímetro custa por volta de R$ 100 — ou até menos.

— Nos anos 1980, um aparelho como esse custava US$ 6 mil! O médico que tivesse um deles precisava carregá-lo de um lado para outro, porque nem todos os hospitais tinham — diz Domenico.

## Do fundo do coração

Já comentamos aqui que a cardiologia só se oficializou como especialidade no Brasil no início da década de 1960 — exatamente quando meu pai começou sua carreira na medicina. Ele mergulhou fundo na disciplina, sem nunca deixar de ser o excepcional clínico, o Sherlock dos diagnósticos. Em 1973, montou, junto com Antônio Paes de Carvalho, a primeira pós-graduação da Universidade Federal do Rio de Janeiro, em cardiologia, é claro.

Isso vinha a reboque da reforma universitária promovida a

partir de 1969, que tinha coisas boas: criava a progressão na carreira docente através da titulação acadêmica e articulava melhor ensino e pesquisa. Por outro lado, dizem estudiosos, criou também a brecha para um Ensino Superior mais mercadológico, voltado para atividades profissionalizantes, longe da pesquisa e do horizonte de reflexão, com olhar marcadamente voltado para o lucro. Hoje vemos bem claramente esse panorama, que não era o estilo e a paixão de meu pai, nem de tantos outros professores de alto coturno para o mundo acadêmico.

"Medicina é dedicação 24x7, sem limites", ele ensinou. Aliás, vou chegar daqui a pouco a minha opção pela medicina como carreira, mas quero falar dessa dedicação ao paciente e à anamnese, que incluía não apenas os sintomas de alguma doença, mas toda a narrativa. Ele ouvia, ouvia, ouvia.

Um dos alunos de meu pai, que se destacou ao longo do tempo pela escolha da UFRJ como casa profissional, é o cardiologista Ronaldo Leão, que contou muitas histórias dessa convivência e das rondas no hospital.

— Lembro de um residente apresentando a anamnese de um paciente. O professor Saad ouviu e disse: "Não estou satisfeito. Vamos até lá e me apresente o paciente". Foram. Ele começou a conversar com o doente e descobriu uma dezena de informações essenciais que não tinham sido colhidas. Quando terminou, olhou para o grupo: "Estão vendo? Vocês têm que ouvir, e não dirigir a anamnese". Edson Saad foi um dos mentores do formato de anamnese que se usa até hoje no Hospital Universitário: a base é a história da doença atual, e começa-se com uma folha em branco. Deixa-se o paciente contar a história dele e, a partir daí, você vai ajudando e questionando, mas só a partir daí.

Ronaldo é exemplo de outra atitude que ele constantemente tomava como professor: estimulava a ida dos alunos para o exterior, para aperfeiçoamento. Os programas de mestrado e doutorado que ele comandava tinham imenso prestígio por conta dos professores catedráticos e da presença dele, que ainda por cima tinha muitas conexões fora do Brasil. Ele conseguia catalisar os contatos para que os alunos fossem fazer treinamentos fora — tipo sanduíche, ou doutorado, ou estágios. Esses médicos voltavam para o Brasil para uma carreira universitária, davam aula e transmitiam essas técnicas e conhecimentos. Este era talvez o ponto mais importante: trazer esses conhecimentos e formar as novas gerações com o que havia de mais novo em cada área.

O contato pessoal de meu pai com os nomes de ponta no exterior era usado para abrir portas. Claro que era um pouco diferente naquela época — hoje a formalidade é muito maior, para o bem ou para o mal, em burocracias mais rígidas ou em oportunidades mais democráticas, às vezes. Mas, naquele tempo, meu pai muitas vezes ligava para um de seus pares e dizia: "Recebe o Fulano aí por um tempo". De volta às histórias que Ronaldo Leão contou, o exemplo dele:

— Numa banca de seleção para o doutorado em cardiologia, que ele encabeçava, ele me diz: "Eu já te conheço e só tenho uma pergunta a fazer: para que fazer doutorado atualmente no Brasil, já que as pessoas não valorizam isso?". Eu respondi: "Professor, meu objetivo na vida é ser professor dessa escola e, para isso, preciso ter doutorado na disputa do concurso". Foi quando ele se virou para o resto da banca e disse: "Essa é a resposta que eu queria ouvir de todos a quem perguntei isso e, até agora, ninguém havia dado". Eu sou filho da UFRJ, como ele foi, e a importância que ele dava à formação acadêmica e à UFRJ era gigantesca.

Quando defendeu o doutorado na área da medicina nuclear cardiovascular, Ronaldo o convidou para a banca. Foi levar a tese para meu pai no consultório. Ouviu dele: "Ronaldo, sua formação não terminou. Você é filho da UFRJ, foi aluno residente, fez mestrado e doutorado. Você é brilhante e precisa se expor a uma universidade fora do Brasil".

— O melhor lugar na minha área era a Universidade da Virgínia, nos Estados Unidos — continua o cardiologista. — O presidente do American College of Cardiology, George Beller, era da mesma área. Dr. Saad apoiou e, como membro do ACC, escreveu uma belíssima carta de recomendação. Hoje é muito mais fácil ter esse título, master do College, mas, na época, era bem raro. Fui aceito. Segui para lá e quase não volto, inclusive a conselho do Dr. Saad. Só não me estabeleci por lá por questões de família.

A história dele é parecida com a minha. Já chegaremos nesse assunto.

## Consultórios

Meu pai teve aquele primeiro consultório no Largo do Machado por algum tempo, e mudaria sua prática particular para a Clínica Sorocaba, em Botafogo, ainda nos anos 1960. Em seguida, ou concomitantemente, ele se reuniu a três outros médicos para um projeto pioneiro na época. Com os médicos Jayme Landmann, Raphael Salek e Jorge Alberto Costa e Silva, montou a empresa Urgências Médicas — UM.

Os quatro militavam em um dos hospitais de destaque no Rio de Janeiro dos anos 1960, o São Miguel, no Humaitá — mais precisamente, na Rua Conde de Irajá, 439. A clínica tinha fama — justificada — de excelência, impulsionada pela presença do cirurgião Fernando Paulino, uma figura estelar de sua área. A São Miguel recebia políticos, artistas e muitos jogadores de futebol, principalmente pela presença dos ortopedistas Nova Monteiro e Lídio Toledo. Tinha uma residência muito disputada, uma das pioneiras no Rio de Janeiro.

Enfim, meu pai e esses colegas se deram conta de que faltava, nos serviços médicos, o atendimento às emergências. Fundaram a UM. Como diz um contemporâneo de meu pai, o radiologista Luís Felippe Mattoso:

— As casas de saúde no Rio não tinham setor de emergência. Eles foram pioneiros nessa ideia.

O grupo acabou comprando o consultório da Rua Getúlio das Neves, no Jardim Botânico, um lugar onde meu pai passou quase quatro décadas atendendo e que merece ser lembrado em detalhes.

A casa do consultório ficava em uma vila. Era em "L", como se fossem duas construções geminadas. Bem ampla, oferecia muito conforto aos médicos, que tinham, cada um, um ótimo espaço privado. Também trabalhei lá durante um tempo antes de me subespecializar na área de arritmia cardíaca. Quem também tem boas lembranças da casa é minha mulher, Cynthia, que trabalhou lá assim que a gente se casou, em 1998:

— A Clínica Edson Saad tinha três andares. No primeiro, ficava a sala dele, bem grande, com sofá, a maca dos pacientes, muitas estantes, a mesa cheia de revistas e papéis, as canetas, tudo muito bem-organizado. Também havia uma sala menor com um jardim de inverno lindo, onde trabalhei por algum tempo, e a cozinha, que era bastante frequentada por ele. Ali sempre tinha algo para comer, às vezes porque ele pedia para comprar, outras vezes porque os pacientes viviam mandando algum bolo, pizza, salgadinhos, toda sorte de guloseimas — diz Cynthia. — No segundo andar da casa, havia várias salas usadas como arquivo, com as fichas de milhares de pacientes, exames, laudos... usávamos muito papel naquela época. Havia outro ambiente com vários equipamentos para exames. Já nem lembro o que havia no terceiro andar, mas não era usado para atendimento.

Meu pai era muito feliz ali. Nunca teve pressa de ir embora, ficava horas discutindo casos com a gente.

— Conviver com ele naquela casa foi uma honra — conta Cynthia. Ele chegou a me encaminhar muitos pacientes dele, e sempre me senti muito honrada pela confiança. Lembro com carinho de sentir o professor feliz quando tinha o Eduardo por perto, seguindo os mesmos passos. Ele tinha brilho nos olhos. Para ele, era o nirvana.

Como toda casa antiga, essa também tinha problemas estruturais: infiltração, cano furado, esse tipo de chateação, sempre uma dor de cabeça — menos para o meu pai, que tinha sempre a solução na ponta da língua: "Ah, a Moniquica dá um jeito, a Moniquica resolve". E lá ia minha mãe organizar tudo.

Em algum momento da década de 1980, ou início dos anos 1990, o conjunto de casas acabou tombado pelo Patrimônio Histórico. Com isso, fazer a manutenção ficou mais compli-cado. Pela lei, não se pode mexer em nada, nem mesmo pintar a fachada ou executar obras mais urgentes sem autorização do órgão competente. Haja burocracia.

Assim foi até 2004, quando Cynthia e eu conseguimos convencer meu pai de que aquele espaço já tinha cumprido seu papel. Além dos problemas estruturais da casa, não nos sentíamos seguros ali. A localização era nobre, mas, a rua, meio erma demais. A cidade estava numa fase preocupante. Além disso, a Getúlio das Neves é uma rua estreita, com muitos carros dos moradores, e os pacientes ficavam sem vagas para estacionar.

— O professor e a Dona Mônica tinham duas salas em Ipanema. Conseguimos convencê-lo de que seria melhor deixar o Jardim Botânico, até porque o prédio de Ipanema tinha estrutura, um café, lojas e, muito importante, estacionamento para os pacientes — lembra Cynthia. — Foi a contragosto, mas ele concordou. Não sei se ele iria mesmo ou se aceitou só para nos agradar...

Com o aval do meu pai, começamos as obras, mas infelizmente ele morreu antes de seu novo consultório ficar pronto. Quando ele se foi, a casa da Rua Getúlio das Neves continuou ocupada pelos seus sócios.

O imóvel ainda está lá, e a parte que foi do meu pai ainda pertence a nós, mas a burocracia (da qual Dr. Edson fugia como o diabo da cruz) e alguma falta de continuidade nas negociações, não por nossa culpa, impediram até hoje sua venda.

Mas voltemos à história.

## Campo de treinamento e de atendimento

Meu pai está intimamente ligado ao Hospital Universitário da UFRJ.

Vale um pequeno histórico dos hospitais universitários e, em especial, o da UFRJ. Já na década de 1920, discutia-se no Brasil a criação de um grande hospital, centralizador, vinculado à Faculdade Nacional de Medicina, mas nada saía do papel. O modelo, então, era o que historicamente havia instalado vários dos seus serviços pela cidade. Os professores de referência dominavam cada um desses serviços — lembremos de Edgard Magalhães Gomes, na Santa Casa; de Luiz Feijó, no Hospital Moncorvo Filho; e de Lopes Pontes, no Hospital São Francisco de Assis.

Eles funcionavam de forma praticamente independente, mas essa estrutura foi, em certo ponto, tida como ultrapassada. O consenso apontava, então, para a adoção do modelo norte-americano, baseado em hospitais de clínicas — ou seja, com o máximo de especialidades reunidas em um mesmo espaço físico. Um hospital-escola precisa dar espaço para a prática da medicina aos estudantes, na filosofia de "aprender fazendo" a partir do terceiro ano.

O conceito foi adotado nos Estados Unidos a partir do chamado Relatório Flexner, publicado em 1910, elaborado pelo médico e educador Abraham Flexner. Ele identificou que a maioria das faculdades de medicina americanas falhava na formação de seus alunos porque priorizava o lucro dos seus proprietários, e não o ensino. Não ofereciam atividades coerentes com a prática da clínica. Havia salas de aula, mas não leitos ou pacientes disponíveis para que o aluno aprendesse na vida real. Segundo a avaliação de Flexner, das 110 escolas médicas que existiam naquele momento, nos Estados Unidos, somente 31 tinham condições de continuar funcionando a contento.

O relatório impactou o ensino da área não só nos EUA, mas também no Canadá e na Europa. Suas propostas correram o mundo e chegaram ao Brasil, plantando a ideia de criação de hospitais de clínicas ligados às universidades. Diga-se que tudo isso continua sendo relevante, envolvendo também um novo paradigma: a questão social.

Como demonstram Alice Reis Rosa e Henri Eugène Jouval Junior em *Fatos* (2017), sabia-se, a partir dos anos 1950, que o futuro Hospital da UFRJ "não poderia ser um hospital de clínicas clássico, limitado à assistência médica. Além de atender ao compromisso social de integrar a rede assistencial pública do estado do Rio de Janeiro, deveriam também cuidar da capacitação de recursos humanos para a equipe de saúde".

Essa filosofia baseou a concepção do Hospital Universitário da UFRJ, que, após três décadas de atrasos e rolos jurídicos e políticos, foi finalmente inaugurado em 1º de março de 1978, tendo à frente outro grande amigo do meu pai: o professor Clementino Fraga Filho, que já era diretor da faculdade desde 1974, acumulando também a presidência da comissão de implementação do Hospital Universitário.

Aqui vale a pena abrir parênteses.

Não sei exatamente quando o professor Clementino e meu pai se tornaram próximos. Na minha lembrança, desde sempre, mas nossa amiga Alice Rosa, que trabalhou por décadas com o professor Clementino e com meu pai, conta que a amizade deles dois começou na Santa Casa, ainda nos anos 1960.

Com Clementino Fraga Filho, no lançamento da pedra fundamental do Hospital Universitário da UFRJ

Até então, havia três cadeiras de Clínica Médica da UFRJ instaladas na Santa Casa. O professor Clementino chefiava uma delas. Com a inauguração do Hospital Universitário e a transferência de quase todas as clínicas para o Fundão, a interação entre médicos e residentes de várias unidades foi inevitável. Desde então, lembra a Dra. Alice, os caminhos dos dois nunca mais se separaram. Era uma admiração mútua, um relacionamento que extrapolou os muros da academia e chegou às nossas famílias. A amizade está aí e continua até hoje registrada em textos e palestras de ambas as partes.

"O Hospital Universitário é uma obra ciclópica do meu mestre mui amado Clementino Fraga Filho — e, sem dúvida, a maior herança que um educador médico terá legado à sua posteridade", disse meu pai na saudação a Haley Pacheco, que entrava na Academia Nacional de Medicina em dezembro de 1995.

O professor Clementino, por sua vez, sempre foi muito gentil nas palavras dirigidas ao meu pai. Foi ele, inclusive, que assinou o prefácio do *Semiologia*. Uma honra. Quem fala para essas nossas memórias é seu filho, também clínico, Eduardo Fraga:

— Eu me formei em 1975 na Praia Vermelha e na Santa Casa. A universidade era muito espalhada. A gente saía de uma aula, pegava o trem para ir a outra... Depois fui da primeira turma no HU. A conjunção foi muito interessante, porque vieram pessoas do Hospital São Francisco, do Moncorvo Filho, da Santa Casa. Quando juntaram as patotas, veio junto a rivalidade, quase ódio uns contra os outros. O pessoal do Pontes, o do Feijó, o do Fraga... então era uma confusão do demônio. Isso demorou a arrefecer.

Mas o professor Clementino Fraga Filho, assim como o meu pai, era um conciliador, um grande estrategista. Eduardo prossegue:

— O professor Fraga chamava os inimigos para perto. Nomeava para uma chefia. Dava todo o apoio. O professor Saad tinha o mesmo modo de interagir, moderando sempre. Eles não falavam alto, não batiam na mesa. Não brigavam. Eles sempre conciliavam. O professor Saad era chefe da cardiologia e foi um dos maiores colaboradores, a pessoa que montou a cardiologia dentro do hospital. Meu pai escolheu a turma. Saad... Haley Pacheco, da Hematologia... Clóvis Junqueira, que montou o banco de sangue... Ele foi pegando os colegas, independentemente se fossem ou não professores. "Você é o melhor" e pronto. Depois a estrutura foi mudando. Criou-se a Unidade Coronariana... Mas essa não era a vontade dele, nunca foi. Havia catedráticos e titulares de clínica médica. Depois começou a ter de gastrologia, de doenças autoimunes, pneumologia...

Todas as diferenças entre meu pai e o professor Clementino sempre foram tocadas com extremo respeito recíproco, sem afetar nem a amizade pessoal, nem o foco na medicina.

O professor Jorge Segadas foi um dos que chegaram ao HU logo que foi inaugurado. Nos dias de hoje, em retrospectiva, ele confirma que a adaptação dos médicos e alunos ao novo local de trabalho foi difícil. A migração dos serviços na região do Centro da cidade para a Ilha do Fundão, e a nova estrutura administrativa, com áreas unificadas e reestruturadas, criaram várias questões ou atritos.

— Olha, o início não foi fácil. Foi meio hostil — diz Segadas. — De uma hora para outra, tivemos o deslocamento do Centro para um local bem mais longínquo, e enfrentamos a mudança física, já que cada unidade anterior tinha dois andares, no máximo, e agora havia um edifício de treze andares...

O próprio Clementino já assumia, em mensagem endereçada aos alunos recém-chegados ao novo hospital, em março de 1978, que até seria mais cômodo deixá-los mais um tempo em suas unidades de origem, enquanto a casa não estava totalmente arrumada. Mas, nas suas palavras: "A intenção de transferi-los logo para o Fundão foi que acompanhassem a parte final da implantação, que assistissem de perto ao crescimento, que participassem mais dos problemas que estamos vivendo. Abrimos os ambulatórios gerais, os especializados e as internações clínicas. Virão, depois as internações cirúrgicas, a emergência, o CTI. Assim, aproximadamente em três ou quatro meses, teremos completado toda a faixa de serviços". O professor Clementino definia o hospital como "um campo de treinamento".

Foi nesse contexto que meu pai tomou o HU como sua nova casa, para a qual deu sua atenção durante décadas, até praticamente o fim dos seus dias. Ficaram famosos os seus rounds, ou seja, as rondas pelas enfermarias, em que discutia com seus residentes e colegas os casos dos pacientes, à beira do leito. Eram aulas práticas de medicina. Eram banhos de cultura geral e de vida.

Por falar em banho, lembro que, quando comecei a estudar no HU, nos anos 1990, a coisa já havia desandado bastante. Lembro, ainda hoje, que a infraestrutura dos banheiros dos médicos e alunos, por exemplo, deixava muito a desejar. Naquela época, tomava-se banho usando chinelos, para não pisar ou escorregar em um lodo espesso de origem desconhecida que tomava a área dos chuveiros... Sem falar na abundante presença daqueles famosos insetos noturnos da ordem Blattodea, popularmente conhecidos como baratas, que, por lá, não eram só noturnos. Pelo contrário: estavam disponíveis a qualquer hora do dia.

A propósito, acho que é hora de contar um pouco sobre esse caminho da nova geração da família Saad em direção à medicina — primeiro, meu irmão Marcelo, depois eu próprio.

## O melhor de cada um

Sempre me perguntam se me tornei médico por influência do meu pai. A verdade é que a melhor das minhas referências na medicina estava lá em casa. Então, sim, eu seria facilmente influenciável por ele, mas a verdade é que não posso cravar se foi exatamente assim.

Antes de falar do meu caso, no entanto, falemos do meu irmão Marcelo. Ele cursou os primeiros anos da medicina. Fez vestibular, passou para a UFRJ, mas parou dois anos depois. Percebeu, bem a tempo, que aquela vida não seria para ele.

Na época, a amiga professora Alice Rosa era diretora-adjunta da Faculdade de Medicina. Conta que, certo dia, meu pai e Marcelo foram conversar com ela a respeito desse desejo de abandonar o curso.

— O Dr. Saad estava emocionado, mas conversei muito com eles dois e mostrei ao Dr. Saad que a decisão estava tomada, e que aquilo poderia ser apenas uma interrupção, até porque Marcelo poderia voltar a qualquer momento, sem qualquer prejuízo.

A família em dois tempos: anos 1970 e 1990

O amigo Sergio Novis também se lembra do meu pai conversando com ele sobre o assunto.

— O conselho que dei foi: diz para ele parar logo. Vai experimentar outras coisas. Se calhar de voltar, volta tranquilamente.

Sem mistérios. Assim foi. Marcelo se formou em Engenharia pela PUC, optou pela Economia e pelo mercado financeiro, descobriu seu rumo e está nele até hoje com muito sucesso, muito mesmo.

Não sei se meu pai ficou triste com a decisão do Marcelo ou se não percebi, mas alguns amigos lembram dessa fase. Um deles é o Dr. Ronaldo Leão, que tinha estudado na mesma turma que meu irmão:

— Marcelo desistiu da faculdade de medicina no fim do segundo ano. Já na primeira aula de clínica médica voltada para a cardiologia, do meu terceiro ano, em 1983, o professor Saad começou dizendo que aquela turma era muito cara para ele porque ali deveria estar um filho dele... E começou a chorar. As lágrimas desciam pelo rosto. A emoção dele foi uma coisa extremamente tocante. A partir daí, ele deu uma aula espetacular. Inesquecível. Foi só um desabafo.

Curioso foi que não percebi essa tristeza na época — talvez até pela minha idade. Naquela época, eu era pré-adolescente, mas meu pai tinha essa capacidade de não acusar o golpe, sendo sempre muito reservado, sem demonstrar emoção com facilidade. Essa emoção ele processou com rapidez, pelo que vimos. O próprio Marcelo comenta:

— Quando deixei a faculdade de medicina, ele pode ter feito um ou outro discurso mais emocionado... mas não acho que isso tenha custado grande coisa para ele, não.

O certo é que, se ficou com alguma mágoa ou frustração, ele nunca demonstrou para mim. Pelo contrário: sempre incentivou a todos nós, e não foi diferente quando Marcelo deu sua guinada em direção à Engenharia.

Esse era o espírito do meu pai, de tirar das pessoas aquilo de melhor que cada um podia dar. Na época dele, então, a devoção, o sacerdócio da medicina eram do tipo "ou você está dentro ou não vai ser um bom médico". Meu pai tinha essa consciência. Se não é para você, não é e pronto. Não pode ser meia-bomba. O médico tem que estar disponível, tem que estar vivendo a medicina 24x7.

— Ele tinha um universo de gente que confiava e gostava dele. Pacientes, colegas, conhecidos, funcionários, alunos, empresários. Ele conseguiu transpor o universo imediato — considera meu irmão Marcelo. — Alguém que se levanta às 5h da manhã para estudar, cansado ou não... Quantas vezes ele vai usar aquele conhecimento específico? A profundidade filosófica e técnica da medicina que ele tinha era enorme, mas isso acaba sendo, no acumulado, muito maior do que se imagina.

Com meu irmão Sergio, essa questão de seguir ou não a medicina foi bem mais fácil, até porque ele nem tentou. Conta que, certa vez, uns dois anos antes de prestar vestibular, foi com meu pai assistir a uma cirurgia:

— Era a colocação de um marca-passo num menino de 8 anos de idade. Meu pai só estava acompanhando a cirurgia. Vesti máscara e gorro e fiquei na sala assistindo. No início da operação, eles fazem um corte na perna do paciente e pinçam uma veia, porque é por ali que vai entrar o marca-passo. Nesse ponto, comecei a ficar tonto e pensei: "Tenho que sair daqui". Fui para a sala do lado e comecei a acompanhar pelo monitor. Vi o cateter andando pelo corpo do garotinho. Aí seguia pelo caminho errado, voltava, até que foi para o caminho certo. Assisti àquilo uns cinco minutos e começou a me dar nervoso. Saí da sala com a certeza de que não era meu mundo, não era para mim.

Mesmo assim, Sergio ainda pensou um pouco na hora do vestibular, até que deu o recado:

— Pai, não quero fazer medicina. Vou fazer vestibular para engenharia.

O pai, já percebendo que meu irmão estava certo, respondeu na base do incentivo:

— Ótimo. Faz o que você quiser fazer.

Engenharia tinha tudo a ver com ele. Sergio adorava construir aqueles clássicos aviões, carrinhos de corrida e navios da Revell.

— Eu me divertia mexendo com atividades de construção, montagem... comprei um kit com carrinho elétrico. Eu montava o carrinho. Meu pai, brincando ou inconscientemente, dizia que eu tinha jeito para essas coisas e que ele achava que eu ia ser cirurgião. Na minha cabeça, era uma boa ideia — conta Sergio, que fez uma carreira espetacular na IBM. — Sempre gostei muito de exatas. Matemática, física, não tanto de Química. Resolvi fazer engenharia. Meu pai em momento algum questionou se eu tinha certeza. Sempre apoiou.

Quanto a mim, não me lembro exatamente o que me motivou, mas desde garoto eu falava: "Vou ser médico". À medida em que foi chegando a hora de escolher, muita gente perguntava: "Você vai fazer medicina? É a última chance de o Saad ter um médico entre os filhos...". Isso rolou muito comigo, mas eu não sentia como pressão. Meu pai nunca me botou esse peso nas costas, com certeza.

Agora, é claro que ele ficou feliz com minha decisão. Foi uma enorme alegria para ele, sem a menor dúvida, até um alívio... por um motivo muito pragmático: "Fico preocupado é com a minha biblioteca. Para quem eu vou deixar minha biblioteca?", ele dizia...

Isso me leva a pensar que também não sabia o que o levou a fazer medicina. Revivendo toda essa história, percebo que eu não tinha essa informação, essa curiosidade em relação ao meu pai. Nunca perguntei por que ele resolveu ser médico. Descobrimos agora, fazendo essas memórias, da fascinação que ele sentiu pelo médico de Igarapava, Alcides Antônio Maciel. Não ter pensado nisso naquela época, não ter conversado e debatido com ele a respeito, é uma coisa que eu critico em mim.

Além da fascinação por aquele médico, vejo outras linhas de explicação. Minha avó Evelina, por exemplo, cuidava de muitas pessoas, e mais: era comum que descendentes de imigrantes ambicionassem, com muita ênfase, fazer faculdade, seguir nos estudos. Para a família, a trajetória acadêmica de meu pai, com tantos ótimos resultados, era uma enorme vitória, um exemplo para a família e para todos os imigrantes da região.

Ou seja, foi uma feliz combinação de fatores.

Convivi muito com meu pai atuando como médico, quando criança e adolescente. Entrava naquele clima. No fim de semana, ia fazer visita com ele em algum hospital. Eu esperava, às vezes subia. Também era muito comum receber lá em casa alunos de mestrado e doutorado. Ele tinha a tal biblioteca gigante, um trunfo numa época sem internet em que nada era de fácil acesso. Ele assinava dezenas de revistas médicas e mantinha tudo na nossa biblioteca... todo ano, encadernava os exemplares e tirava as propagandas das revistas para reduzir o volume. Gastava um tempão nisso, e eu o ajudava ativamente, assim como meus irmãos. De certa forma, ele atraía a gente para o mundo dele.

Lembro que meu pai fazia laudos de check-up para o SESI. Fiquei muitas e muitas vezes ouvindo-o ditar aquilo. Eu esperando ao lado dele, fazendo alguma coisa no escritório. Ele me levou para o universo dele, e tudo aquilo se tornou natural para mim, desde garoto.

Passei de fato a transitar no mundo da medicina, o dele, quando entrei para a UFRJ, sua alma mater. Passei a entender melhor seu prestígio e sua devoção ao ensino. Ele adorava transmitir conhecimento e fazia isso com pleno domínio e prazer para todos os níveis, desde o estudante mais simples da graduação até o nível mais alto. Meu pai amava a sala de aula tanto quanto a clínica.

Também me recordo que, depois que entendi o mundo como ele é, muitas vezes eu o questionei sobre a razão de ele "perder" tanto tempo com a universidade. A verdade é que ele tinha uma vida extremamente sobrecarregada. O dia dele começava de manhã muito cedo, indo a algum hospital visitar pacientes internados. Seguia para dar aula na UFRJ. Ficava lá até 13h, 14h. Depois disso, ia para o consultório, sempre com uma demanda que ele não conseguia dar conta, e lá esticava até meia-noite, uma da manhã.

Meu irmão Marcelo conta:

— Eu o buscava no consultório de madrugada. Esperava muito, e ele tinha também paciência de jantar conversando comigo. Nesse sentido, por ser o filho mais velho, aproveitei mais do que meus irmãos a convivência com ele.

Numa determinada época, passei a questioná-lo: "Pai, se você se dedicasse só à clínica privada, teria uma vida muito melhor. Ia preencher seus horários de maneira mais tranquila".

Mas isso jamais passou pela cabeça dele. Acho que, se tivesse que escolher entre a clínica privada e a universidade, ele iria escolher o ensino. Era onde mais se sentia colaborando, educando em todos os níveis. Ajudou muita gente a conseguir mestrado, doutorado, cursos, fellows, treinamento no exterior... Ele tinha essa visão. Ali eu entendi o lado professor dele.

O quadro ficou mais claro ainda no momento em que decidiu ministrar a cadeira de Semiologia para a graduação, justo porque eu ia cursá-la, como já contei. Numa das cartas que me escreveu, ele registrou: "No seu quinto período, quis ser seu instrutor de Semiologia. Transmitir-lhe os primórdios da medicina, a escala de valor no médico e as sutilezas da relação médico-paciente; a ciência e a arte da observação, as minúcias do exame do paciente; a ciência, a arte e a lógica do raciocínio". Passei a admirá-lo ainda mais como médico.

Ele continua, ratificando como essa fase foi importante para ele: "Foi sem dúvida a mais memorável das minhas experiên- cias profissionais, cuja recordação guardo com o mais doce carinho", disse ele em 1995, na sua saudação à entrada do professor Halley Pacheco na Academia Nacional de Medicina, homenageando também os colegas da minha turma a quem ele apresentara a medicina prática: Gisele, Carlos Eduardo, Rogério e Marcio. Tornamo-nos ali o que ele chamou de "espírito do meu espírito", com uma recomendação preciosa: "Exame físico, faça-o a cada vez com o apuro do pintor a pintar sua obra-prima", reforçou ele no discurso.

Sobre a época de vacas magras para o Ensino Superior público, bem quando eu entrei na faculdade — o alvorecer dos anos 1990 —, dizíamos: "A UFRJ não tem campus, tem matos"...

Ríamos, mas era uma tristeza. Meu pai, lembro claramente, tinha duas atitudes frente a essa decadência. Uma, tentava minimizá-la para mim, para que eu não ficasse tão revoltado — mas eu ficava, e como! A segunda atitude era a motivação cada vez maior para criar o instituto com que ele sonhava, para oferecer um cuidado melhor aos pacientes, mais conforto para todos, ter uma estrutura melhor. Falaremos já já do Instituto de Doenças do Tórax, o sonho dele.

Na residência médica, passei a conviver e a trabalhar com meu pai também no consultório. Saía do hospital, ia para lá e botava uma cadeira do lado da mesa dele. Ele me delegava tarefas aos poucos e me colocava sempre presente nas conversas com os pacientes. Eu fazia os pedidos de exames, o eletro, observava. Ele literalmente estava me integrando às consultas, me inserindo no contexto. Também passei a ver pacientes internados.

Mesmo naquele início de jornada, raras vezes me senti excessivamente pressionado ou prejudicado de alguma forma pelo ambiente. Talvez tenha blindado ou bloqueado algum episódio em que fui preterido porque era "o filho do professor" ou alguma questão contra mim porque, afinal de contas, eu supostamente teria mais oportunidades. Não vi isso.

Mas hoje, olhando o panorama macro, acho que naveguei bem por essa situação e que isso me abriu muito mais portas do que fechou. Aliás, me abre portas até hoje, com certeza, pelo pedigree médico. Algumas outras se fecharam, claro, porque tem gente com certa inveja em uma ou outra questão, mas os conflitos que existiram não me marcaram.

Um ponto muito marcante nisso tudo é que meu pai se considerava meu primeiro paciente. Isso aconteceu um pouco antes da minha entrada na faculdade. Palavras dele, no mesmo discurso de posse do professor Haley na Academia Nacional de Medicina:

"[Eduardo] cuidava, em época que já se esvai na bruma do tempo, de um cateter Hickman e de administrar antibióticos noites adentro", disse ele, lembrando a época em que foi operado do coração — eu tinha 17 para 18 anos e estava para começar o curso de medicina na querida UFRJ do meu pai.

## Cultura

— Ele era um polímata — define o Dr. Evandro Tinoco ao lembrar do meu pai, com sua cultura abrangente, quase surpreendente para quem, como ele, tinha a cabeça metida em medicina 28 horas por dia.

A memória dele era extraordinária. Com toda a carga de informação que a medicina exigia dele, ainda havia espaço para guardar trechos importantes de peças literárias e muitos poemas.

O amigo pneumologista Alexandre Pinto Cardoso lembra, especialmente, de uma paixão que eles compartilhavam: poesia.

—Dr. Saad era apreciador do poeta pernambucano Augusto dos Anjos, nascido no Engenho Pau d'Arco. Ele o citava com muita frequência. Lembro de um discurso na Academia, dentre muitos, em ele abriu com *Vandalismo*: "Meu coração tem catedrais imensas/ Templos de priscas e longínquas datas/ Onde um nume de amor, em serenatas/ Canta a aleluia virginal das crenças".

Não por acaso, Augusto dos Anjos também era chegado a usar temas científicos. Professor Alexandre também cita, por exemplo, *Solilóquio de um visionário* como parte do repertório de meu pai: "Para desvirginar o labirinto/ Do velho e metafísico Mistério/ Comi meus olhos crus no cemitério/ Numa antropofagia de faminto!".

Mostrando que também tem memória fantástica, Alexandre emenda as poesias de Augusto dos Anjos com outro dos heróis literários deles dois: Fernando Pessoa, o genial português que deu vida a mais de cem heterônimos, cada qual com sua personalidade diferente.

— Mas o professor gostava mesmo era de Alberto Caeiro — ensina Alexandre, mencionando um dos quatro principais heterônimos do poeta.

Essa simpatia faz sentido. Entre outros tantos, Caeiro assina o poema *Da minha aldeia*, que até parece escrito pelo meu pai: "Da minha aldeia veio quanto da terra se pode ver no Universo.../ Por isso a minha aldeia é tão grande como outra terra qualquer/ Porque eu sou do tamanho do que vejo/ E não do tamanho da minha altura.../ Nas cidades a vida é mais pequena/ Que aqui na minha casa no cimo deste outeiro/ Na cidade as grandes casas fecham a vista à chave,/ escondem o horizonte, empurram o nosso olhar para longe/ de todo o céu/ Tornam-nos pequenos porque nos tiram o que os nossos olhos/ nos podem dar,/ e tornam-nos pobres porque a nossa única riqueza é ver".

Temos também *Segue o teu destino*, assinado pelo heterônimo Ricardo Reis, que ele citou na Academia Brasileira de Medicina, em 1995, na saudação a Halley Pacheco: "Segue o teu destino/ Rega as tuas plantas, / Ama as tuas rosas. / O resto é a sombra/ De árvores alheias".

Essa paixão do meu pai pela literatura também se abria para outros criadores históricos. Shakespeare, por exemplo. O dramaturgo inglês recebia dele especial atenção, como se vê logo no início do seu *Tratado de cardiologia — Semiologia*, em que cita o bardo despretensiosamente, ao mesmo tempo em que declara um de seus mais caros princípios: "Poder-se-ia argumentar que tudo isso são apenas palavras ('words, words, words', como diria Shakespeare). No entanto, são verdades absolutas que demandam fundas reflexões. Só se pode ser médico com paixão pela profissão, e só se pode ser médico se se amar as pessoas".

O próprio *Semiologia*, aliás, é um livro imprescindível para profissionais da clínica médica, claro, mas não deixa de ser interessante até mesmo para os curiosos por natureza. Diria que seus dois ou três primeiros capítulos são uma obra de conhecimentos gerais, que naturalmente tem a medicina como assunto principal, mas abre a cabeça também dos leigos.

Um bom exemplo é quando meu pai cita Zadig, personagem-título da novela de Voltaire publicada em 1747, cuja "habilidade principal residia em revelar verdades que outros tentaram obscurecer (...). Um verdadeiro sábio, porque via o mundo como ele é, uma visão sem vieses de emoção ou pré-julgamento".

Ou seja, não existe medicina sem muita observação. Se a gente esticar um pouquinho a corda, vai pensar até mesmo que não existe vida sem muita observação.

Zadig, contava meu pai, vem do árabe "saadig", que significa "o verdadeiro". Para ele, o que interessava era a busca da felicidade no estudo da natureza — ou, simplesmente, o Grande Livro. Daí nasceu o chamado Método Zadig de raciocínio, que "consiste em retirar interferências de detalhes aparentemente triviais".

Para um homem de ciências, Zadig é um personagem fascinante, ainda mais considerando sua época de criação, na pré-Revolução Francesa, e seus conhecimentos surpreendentes que migravam (nem sempre com o devido mérito) do mundo oriental para a Europa. Não por acaso, Zadig é considerado o primeiro conto filosófico de Voltaire.

Transcrevendo o texto do meu pai: "Em contraste [com Zadig], os homens cultos em torno dele gastavam seu tempo adquirindo meras informações, pelas quais, faltando-lhes sabedoria, obscureciam a verdade".

É nessa linha que a ciência e a arte vão se aproximando, por exemplo, quando deixamos de tratar puramente da medicina e enveredamos pela literatura.

Nesse extenso capítulo de citações, talvez a mais famosa do meu pai seja aquela clássica em *Sherlock Holmes*: "Quando você exclui o impossível, o que restar deve ser a verdade, por mais improvável que pareça". Nada melhor que essa frase como uma espécie de filosofia do diagnóstico. Conan Doyle bebeu na fonte de Voltaire: o Método de Zadig é um instrumento fundamental para o famoso detetive criado por Sir Arthur Conan Doyle em 1887 — e que se tornaria outra referência do meu pai.

Em *Semiologia*, citando M. Sheperd, ele abre espaço para falar como Holmes pode ser equiparado a ninguém menos que Freud, que seria outro "seguidor" de Zadig: "Embora Freud estivesse preocupado principalmente com a realidade interna e, Holmes, com a realidade externa, ambos se basearam no Método de Zadig de observação e inferência: um para reconstruir a história da infância e, o outro, para recriar o cenário de um crime".

Meu pai também conta que Conan Doyle afirmou, em 1892, que sua criação fora inspirada em um médico. Diz o escritor: "Sherlock Holmes é a incorporação literária, se assim posso exprimir, da minha memória de um professor de medicina na Universidade de Edimburgo, que poderia sentar-se na sala de espera (...) e diagnosticar os pacientes à medida que eles chegassem...". Esse cirurgião de Edimburgo chamava-se Joseph Bell e tinha "poderes impressionantes de observação e habilidades diagnósticas". Não à toa, o parceiro de Sherlock — e o escritor das suas aventuras — é um médico, Dr. Watson. Elementar.

Tem muito mais nessa seara. Meu pai era um leitor voraz, e ninguém na família sabe como ele conseguia enfileirar e absorver tanta informação, fruto de suas leituras teóricas ou, simplesmente, artísticas. Ainda por cima, conseguia aplicá-la ao seu dia a dia e transmitir esse conhecimento com muita clareza e simplicidade.

O professor Alexandre conta que, ao mencionar a meu pai que iria para Paris fazer seu doutorado e lá morar por algum tempo, tiveram uma conversa inesperada:

— Ele me fez uma lista impressionante de museus. Não era uma lista para turistas, com grandes museus ou coisa assim. Falou, por exemplo, do Museu Marmottan, que é pequeno e tem obras pouco conhecidas dos impressionistas.

De fato, é lá que está a maior coleção mundial de obras de Claude Monet, com 66 telas, e ainda tem trabalhos de outros artistas impressionistas, como Manet e Renoir, esculturas de Rodin...

— O professor fez o roteiro com total conhecimento. Não é qualquer um que conhece o Marmottan e outros que ele me indicou. Graças a ele, aproveitei essas oportunidades que Paris oferece.

Outra arte que ocupava uma parte das 28 horas diárias do meu pai era o cinema. É verdade que ir às salas de exibição tornou-se uma atividade muito rara — por conta da total incompatibilidade de horários —, mas a chegada das fitas VHS e, depois, dos DVDs conseguiu deixá-lo razoavelmente atualizado em relação ao que estava acontecendo. Aliás, nem era necessário estar tão atualizado. Entre seus filmes preferidos, estão todos os do agente 007, claro, com as investigações recheadas de muita ação, assim como os de John Wayne e outros caubóis clássicos, e também os igualmente clássicos filmes de guerra, como *A Ponte do Rio Kwai* e *Patton*. Nós gravávamos muitos desses filmes em VHS para ele, que guardava a coleção com muito cuidado.

Essa mesma sensibilidade artística do meu pai era válida também (ou principalmente) para a música. Alguns amigos lembram que ele costumava ouvir clássicos enquanto lia as numerosas revistas científicas que assinava. Ele conseguia usufruir das duas atividades simultaneamente. Gostava de uma variedade de compositores, com poucas exceções, como confessou uma vez:

"Só tenho [restrição a] um trio de chatos, 'Richard Chatos', que são grandes músicos, mas de quem eu não gosto. São Richard Mahler, Richard Strauss e Richard Wagner. Eu não os suporto!", disse ele numa entrevista. "O resto cai muito bem: Chopin, Liszt, Johann Strauss, Beethoven, Mozart, Brahms, Haydn, Mendelssohn e Bach, entre outros."

Ouvia óperas e operetas também, de vários gêneros e épocas. Tinha especial apreço pelas interpretações da soprano estelar Maria Callas, mas havia uma lista infinita de outras estrelas e obras. Para nós, leigos, todas muito parecidas e eventualmente exasperantes. Não éramos, e nem somos hoje, exatamente fãs de sopranos e barítonos na potência máxima de seus pulmões...

Meu irmão Sergio comenta:

— Além de guardar as fitas cassetes, ele gostava de frequentar os teatros de ópera, principalmente em viagens ao exterior. Uma vez me levou. Eu detestei. Quando se falava em ópera, a partir de então, eu fugia...

Curiosamente, meu pai também gostava de um gênero muito diferente: "Música cigana... Eu tinha fascínio. A música cigana vem da profunda ternura ao arrebatamento", comentou ele numa entrevista.

Dos ciganos, gostava não só da música, mas da própria cultura do povo tradicionalmente nômade. Demonstrou isso várias vezes, por exemplo, durante nossas viagens pelo mundo, indo a locais marcados pela presença cigana. De onde teria vindo esse interesse? Ninguém sabe ao certo. Se a gente pensar, no entanto, que as culturas cigana e árabe andaram se cruzando (nem sempre pacificamente) ao longo da história, talvez suas canções bem peculiares tenham repercutido na cabeça do pai durante sua infância — e, claro, mantiveram-se repercutindo vida afora. Mas fica tudo isso na base das suposições, lembrando o querido Sherlock Holmes: "Todos temos um passado, Watson. Fantasmas. E eles são as sombras que definem os nossos dias de sol".

Já a amiga Alice Rosa, que trabalhou muitos anos com ele na UFRJ, conta um episódio simpático a respeito dessa ligação do meu pai com a música em geral, a brasileira em particular. Em agosto de 1986, quando o professor Clementino Fraga Filho estava se aposentando, a reitoria decidiu homenageá-lo dando seu nome ao hospital universitário. Coube ao meu pai fazer as saudações principais.

— No discurso, o professor Saad disse que sua última mensagem para o amigo tinha sido "tomada do cancioneiro popular, na simplicidade da alma do povo" — recorda Alice Rosa. — E assim, naturalmente se referindo ao gabinete do professor Clementino, fala que "naquela mesa está faltando ele, e a saudade dele está doendo em mim" — lembra ela.

Meu pai estava citando *Naquela mesa*, canção de Sergio Bittencourt dedicada ao seu pai, o gigante Jacob do Bandolim, e um dos clássicos mais comoventes da música popular brasileira que, com certeza, caberia também à falta que ele, nosso pai, também faz.

## Canetas

Das características que marcaram a imagem do meu pai, uma ninguém esquece: sua paixão pelas canetas.

Não por qualquer tipo. Seu objeto de desejo — e orgulho

— eram suas canetas-tinteiro. A coleção ficava acomodada em caixas de madeira forradas de feltro. Muitas, muitas canetas — das mais baratas, de corpo plástico, às preciosas Montblanc e Waterman. Aliás, Waterman é o nome do inventor dessa tecnologia, a primeira que dispensava o uso de penas com tinta pingando. A história é curiosa.

Lewis Waterman era corretor de seguros em Nova York e ficou furioso porque perdeu um negócio: a pena borrou de tinta todo o documento. O cliente não quis esperar e foi para o rival. Era 1884. Pouco tempo depois, ele patenteou a invenção. Foi uma alegria: escritores como Thomas Mann e Arthur Conan Doyle festejaram a nova ferramenta.

Waterman hoje é uma das marcas mais preciosas de canetas-tinteiro. Outra é a Montblanc, fundada em 1906 em Berlim. No ano seguinte, nascia o nome, que se referia ao Monte Branco dos Alpes, na divisa entre França e Itália. Logo viria a identificação inconfundível: a estrela branca de seis pontas, incrustada na tampa das canetas. Na pena, vem gravado o número 4810 — a altura da montanha que dá nome à marca.

Paris tem um museu dedicado às canetas-tinteiro. O MoMA, de Nova York, condecorou a Montblanc como obra-prima do design.

Já ninguém da nossa família lembra quando e por que ele começou a adotá-las permanentemente. Os amigos mais longevos, como Sergio Novis, dizem que ele já as usava pelos idos dos anos 1970... Podemos supor que, como a primeira esferográfica comercial apareceu em 1945 e demorou a chegar ao Brasil, certamente meu pai aprendeu a escrever com tinteiro, e manteve o hábito.

O próprio Novis assume que foi influenciado pelo meu pai e, com o passar dos anos, também começou a usar apenas as canetas-tinteiro. Não só passou a comprá-las, mas os pacientes começaram a presenteá-lo com esses instrumentos tão especiais. Gosta de mostrar as dezenas de canetas que mantém por perto, geralmente Montblanc, e faz a ressalva:

— Não é nada que se compare à coleção do Saad.

Não mesmo. Na entrevista para a SOCERJ, publicada em 2005, poucos meses após sua morte, ele contava ter 215 canetas. Nenhuma ficava fora de combate durante muito tempo:

— Uso duas porque, quando acaba a tinta de uma, ela vai para o fim da fila e entra a próxima, seja ela qual for.

Eram belos instrumentos de trabalho. Guardo uma imagem de infância: ele com uma toalhinha, colocando a caneta no vidro de tinta, e aquele ritual — pegava uma lixa e amaciava as penas. A caligrafia dele era linda. Tenho fichas do consultório dele, escritas à moda antiga. Ele escrevia bastante.

Depois que ele se foi, distribuímos várias dessas canetas entre os amigos e parentes. Algumas dezenas ainda estão com a gente. Eu tentei escrever com umas canetas dele, mas não é para mim. Nós, os filhos, não pegamos esse costume, até porque é uma questão de gosto, hábito e dedicação.

Mas o amigo Cláudio Domênico foi outro de seus pupilos não só na clínica, mas também no apreço pelas canetas. Hoje tem cerca de 250:

— Culpa do professor Saad — brinca ele, explicando que havia uma metodologia no uso, e se lembra de um detalhe. — Ele dava um conselho importantíssimo: jamais empreste a caneta-tinteiro, que é para não perder o ponto ideal de escrita.

Eis uma dica preciosa de colecionador. Ao longo do tempo, cada caneta vai se adequando à maneira com que seu dono a encosta no papel. A tinta flui com mais facilidade, e escrever se torna uma atividade gradativamente prazerosa.

O primo Jamil Saad, também cardiologista, lembra muito bem dessa paixão — e das belas cartas de Edson.

— Quando fui fazer residência em cardiologia, em São Paulo, precisava levar duas cartas de recomendação. Uma delas foi a de Edson, e um grande arrependimento na minha vida foi não ter resgatado essa carta depois. Escrita à mão, naturalmente com caneta-tinteiro, era uma peça de arte. Sobre as canetas, tenho outra história. Em 1999, fomos juntos a um congresso de cardiologia em Recife. Na primeira manhã, encontrei Edson na recepção, meio sem graça, e perguntei se ele tinha algum problema. "Um problema prosaico. Acabou a tinta da minha caneta, e eu não sei escrever com caneta esferográfica". Eu me prontifiquei a comprar: segundo as instruções, tinta azul real lavável. Consegui.

A propósito, a paciente e amiga Nair Bacelar faz uma comparação carinhosa:

— Ele escrevia como se estivesse compondo um poema.

E era mesmo.

Mas é hora de falar de uma questão difícil: a obesidade do Dr. Edson.

# 4

# Maturidade

## Um doce peso-pesado

Ao longo dos anos, meu pai foi engordando. Muito.

Com 1m83cm de altura, já tinha um físico imponente quando jovem, especialmente nos anos 1950, quando o homem brasileiro médio mal chegava a 1m70cm. Mas, depois da formatura e do casamento, começou a ganhar peso. As razões para isso? Só podemos especular, em especial no caso dele, que sabia perfeitamente os grandes problemas que a obesidade traz.

Nosso primo Jardel Sebba, que conviveu muito com meu pai, inclusive nos primeiros tempos de profissão, se diverte com uma historinha da juventude:

— Estávamos almoçando na casa do Miguel, irmão de Edson, e tinha doce de banana para sobremesa. Edson pegou uma colherada direto da tigela. Repetiu o gesto, só que com o cabo da colher. Aí pegou outra colher e fez a mesma sequência. E outra, e outra. Miguel, impaciente, pegou a gaveta de talheres e despejou todos em cima do irmão...

Antes dos 40 anos, ele já estava obeso. Há muitas narrativas envolvendo esse apetite infinito de meu pai, a começar pela disposição da avó Evelina em promover o prazer gastronômico, com sua arte incontestável na cozinha e as delícias que produzia sob medida para o gosto de cada um. É cultural, um traço do mundo árabe, mas era especialmente pronunciado nela, uma pessoa com imensa habilidade culinária e igualmente grande disposição para fazer os outros felizes.

Já comentamos que, mesmo de longe, a minha avó Evelina e suas irmãs, principalmente tia Odette, faziam chegar delícias à casa de Santa Teresa. Jardel lembra dos pacotes quentinhos de empada goiana, de Catalão, além de esfihas e quibes. Balas de coco desembarcavam aos quilos lá em casa. Essas balas, aliás, são lembrança maravilhosa da infância: esperávamos minha avó preparar e comíamos ainda quente, tipo puxa-puxa... Chegava também de Catalão um quitute nada árabe: as pamonhas. Eram absolutamente irresistíveis.

Minha mãe fazia o que podia para amenizar ou contrabalançar o exagero. Costumava preparar e mandar refeições balanceadas, fresquinhas, ao consultório. Dizem que ele dava as elegantes marmitas para as secretárias e degustava sua preferência: bisnaga quentinha com manteiga, queijo e presunto, a bordo de um café. Outras vezes era festa da pizza. Também é famosa a gaveta repleta de chocolates que ele mantinha no consultório. E bolo. Não faltava bolo na cozinha.

À noite, meu pai deixava de lado a sopinha de legumes da dieta, dava as costas à mesa e comia as fantásticas balas caseiras. Ele adorava goiabada, marmelada e doces em compota feitos em casa para sobremesa.

É claro que havia um desequilíbrio ali. Ele não bebia, não fumava, mas tinha esse descontrole alimentar. Não fazia exercícios, a não ser o intelectual, sentado, devorando livros, ouvindo música, lendo revistas médicas.

Cynthia, minha mulher, tem uma teoria: ela acha que a sobrecarga de responsabilidades e a autoexigência, combinadas com a paciência, o afeto e o respeito pelos outros eram compensadas através do apetite desmesurado. Sim, é unânime: meu pai tinha uma personalidade conciliadora, amável, excepcionalmente empática, de uma dedicação ímpar aos pacientes e alunos. Isso tem um custo emocional.

Ele era também uma pessoa extremamente reservada no que diz respeito aos próprios sentimentos. Já falei aqui que a prima Claudia Magalhães Saad contou que meu pai tinha o mesmo jeito de minha avó Evelina de tombar o pescoço quando estava triste — e essa era a única manifestação de pesar.

— A pessoa não pode ser tão calma e ainda ter tanto trabalho e desprendimento, responsabilidades, ideias, estudar sem parar e cuidar de tantos pacientes e alunos — Cynthia considera. — A sobrecarga, digamos, sai por algum lugar. No caso dele, a comida. Ele gostava de almoçar no restaurante do José Hugo Celidônio, ao lado do Hospital Pró-Cardíaco. Celidônio e a mulher eram pacientes dele. A gente ia lá aos domingos. Eram refeições pantagruélicas. Ele saía do restaurante, chegava em casa e ia comer biscoito, arroz direto da geladeira. No consultório, a cozinha era permanentemente abastecida com pizza, bolo, sanduíches.

Nós todos nos preocupávamos demais com ele do ponto de vista da saúde, é claro. Meu irmão Marcelo fazia campanhas implacáveis:

— O lado mais difícil do meu pai era mesmo a total indisciplina que levou à obesidade, num ponto extremo. À certa altura, resolvi ser mais combativo. Eu já morava em Ipanema, mas acordava de madrugada, subia para Santa Teresa e, às 5 e meia da manhã, estava sentado no sofá esperando que ele se levantasse para que saíssemos numa caminhada. Lá pelas 6, 6 e meia, ele aparecia e muitas vezes dizia "Estou cansado". Eu não contestava, aceitava, "não tem problema nenhum", mas fazia isso para que ele se sentisse devedor e, no dia seguinte, não fugisse da raia. Em retrospectiva, acho que eu estava errado, tanto no aspecto positivo quanto no negativo. Essa foi mais uma lição que ele me deu. Por outro lado, eu aproveitava demais as caminhadas com ele, conversando por uma ou duas horas de maneira prazerosa e muito profunda.

A gente comprova que, tendo o sobrepeso que ele mesmo contraindicava — afinal, é um dos mais importantes fatores de risco para o organismo em geral e o sistema cardiovascular em especial —, o respeito era absoluto. Voltando ao relato de Jardel Sebba:

— Ele fez o encerramento de um congresso mundial de cardiologia, e o tema foi "morte súbita". Mencionou as várias causas, inclusive a obesidade. Ele era tão respeitado, mas tão respeitado, que ninguém sequer esboçou um sorriso.

Compulsão ou não, meu pai apreciava realmente os prazeres do paladar. Eu ia com ele comprar pão de manhã. Muitas vezes passávamos no tradicional restaurante Casa da Suíça para levar refeições deliciosas para casa... Ali era tudo muito gostoso, especialmente a fantástica batata rosti. Nesse sentido, eu via que ele tirava prazer real e concreto das questões do paladar.

Mas a obesidade cobrou seu preço.

## O infarto

No final de 1990, meu pai foi para São Paulo e se hospedou, com minha mãe, no hotel Maksoud Plaza.

— Chegamos e fomos jantar — ela conta. — Ele comeu pra caramba. No meio da noite, me levantei para beber água e pousei a mão no rosto dele. Estranhei: estava todo suado.

Uma das características do meu pai era que ele não suava. Era incrível mesmo. Sobre isso, Cynthia conta:

— Ele estava sempre de camisa social, de punho fechado, nunca dobrada, e olha que aquele calor na Ilha do Fundão é desumano. O Hospital Universitário não tem ar-condicionado! Pois ele trabalhava de mangas compridas, colarinho abotoado, muitas vezes de gravata borboleta e jaleco. Não suava uma gota. Aliás, era sempre cheirosíssimo.

Portanto, minha mãe estranhou muito e decidiu ligar para Fulvio Pileggi, diretor do Instituto do Coração, o InCor, muito amigo deles — uma das figuras importantes da cardiologia no Brasil.

— Tentei chamar uma ambulância, mas não consegui — minha mãe prossegue. — Liguei para a casa do Fulvio. Eu sabia o telefone dele de cor, e ele mandou a ambulância. Edson não queria se sentar na cadeira de rodas, mas foi. Fizeram cateterismo imediatamente.

Meu pai fez uma angioplastia da artéria coronária direita, que ainda não era um procedimento corriqueiro na época. O médico foi Siguemituzo Arie, outra figura muito conhecida da especialidade. Verificou-se que ele tinha também uma obstrução na principal artéria do coração, o tronco da coronária esquerda. Essa é uma indicação para a cirurgia de revascularização. Só tinha um problema: o peso.

Naquele momento da vida, aos 55 anos, ele havia atingido a marca dos 169 quilos — foi o que a balança do hospital marcou.

Eles não queriam operá-lo nessas condições. Assim, ele foi para casa, continuou trabalhando, mas teve que seguir uma dieta por vários meses, se preparando para a cirurgia eletiva. Dessa vez, levou a sério a restrição e perdeu 50 quilos.

Na época do infarto, Marcelo, meu irmão, estava morando em Boston, nos Estados Unidos, fazendo um MBA no super-prestigioso MIT — Massachussets Institute os Technology —, mas deu seu jeito e conseguiu pegar um voo à noite. Chegou de manhã a São Paulo e foi direto para o hospital... para levar uma bronca épica de Pileggi.

— Fulvio Pileggi me pegou no quarto, fez uma cara feia e me levou para o consultório dele — lembra Marcelo. — Eu achei que era algo mais grave, mas ele dizia: "Você não deveria ter vindo. Isso vai fazer mal para o seu pai. Ele vai ficar pre-ocupado". Eu, espantadíssimo. Depois, a mulher dele veio me dizer: "Fulvio estava muito mais nervoso que seu pai". Foi mesmo um momento emocional do Fulvio.

Marcelo lembra que Pileggi era como que a contraparte, o equivalente de meu pai em São Paulo. Eram parecidos na expertise, na dedicação, e diferentes em outros aspectos. Talvez pudéssemos dizer que ele tinha um temperamento oposto ao de meu pai — italiano típico, extrovertido, agressivo no bom sentido. Meu pai era a calma e a paciência em pessoa.

No fim de maio de 1991, perdidos os quilos necessários, meu pai seguiu para Cleveland para a cirurgia. Foram implantadas duas pontes mamárias e uma safena. Passou bem pela cirurgia em si, mas teve complicações por conta do diabetes: infecção na ferida cirúrgica. Pegou o esterno. Foi uma osteomielite. Isso rendeu longos meses de doses altas de antibiótico, curativos constantes, cateter... Nós, primeiro indo e vindo de Cleveland, depois acompanhando aqui no Brasil.

Marcelo lembra que ele era realmente o típico paciente rebelde que os médicos costumam ser:

— Ele se recusava a fazer exames, qualquer monitoramento, e engordou de novo.

Minha mãe diz que ele nunca se revoltou com a doença.

Aceitava. Não teve mais qualquer problema significativo do coração. Nossa família paterna, aliás, tinha essa fragilidade, em quase todos. Primos, tios, muitos mesmo, acometidos de entupimento coronário. Vários fizeram ponte de safena. Um diferencial em meu pai era o colesterol baixo, incrivelmente, em tese um fator protetor em questões de infarto, mas a genética era muito forte, além da obesidade e do diabetes. Minha avó era cardiopata e, meu avô Calim, também.

Eles se foram no meio dos anos 1980.

## A perda

Voltemos um pouco no tempo para falar daquele fato que, dizem todos os que acompanharam, foi o que mais abalou meu pai: o falecimento da minha avó Evelina, em março de 1985, aos 70 anos.

— Tia Evelina foi operada do coração mais de uma vez — conta Jamil Saad, nosso primo. — Na segunda cirurgia, ela teve complicações, entrou em um pós-operatório prolongado e não resistiu. Nessa época, eu estava em São Paulo fazendo residência em cardiologia, ia visitá-la, e Edson sempre estava lá. Ele ia e voltava do Rio para ficar ao lado dela.

Quem a operou foi o Dr. Adib Jatene.

— O prestígio do Edson Saad era uma coisa espantosa — atesta o primo Jardel Sebba, também médico. — Minha tia Julia, irmã de tia Evelina, é outra que foi operada pelo Jatene, e Edson acompanhou. O que tem de cardiopata na nossa família! Não é pouco...

Ele acompanhava as cirurgias e tratamentos de todos — tios, tias, primos, cunhados, sobrinhos, agregados —, que também não dispensavam sua presença. Jardel brinca, com seu jeito engraçado, que às vezes "nem era bom: quando viam o Edson, queriam fazer a cirurgia mais depressa ainda". Piada, claro.

Meus avós tinham celebrado bodas de ouro um ano antes, no casarão da família Fayad em Catalão, Goiás. Festa de arromba, com toda a família reunida, aquela fartura libanesa de comida e bebida, dias de celebração.

É ponto pacífico que meu pai sofreu desmesuradamente com a morte da minha avó Evelina. Sua atitude mansa e suave de todos os dias foi abalada — pela única vez, segundo todos se lembram. Estávamos em Catalão quando ela foi internada para a segunda cirurgia. Naquele dia, meu pai estava recolhido.

Meu avô Calim, que também era cardiopata, ficou sozinho — por pouco menos de dois anos. Em fevereiro de 1987, também se foi, aos 76 anos, depois de um AVC e uma pneumonia.

Nessa época, meu pai estava em seu segundo período como chefe de cardiologia do Hospital Universitário (o primeiro foi de 1978 a 1982 e, o segundo, de 1987 a 1991). Já tinha seu nome indubitavelmente inscrito entre os maiores do Brasil. Sua clínica privada era pujante.

A vida pessoal, depois das perdas dos pais, ia ter outra virada: a saída da casa de Santa Teresa, onde ele recebia tanta gente e se refugiava. Meu pai resistiu, resistiu, mas acabou saindo e, no final das contas, gostou da mudança. Tudo começou com um susto.

## Outro assalto

Foi em 1989 que a família viveu um episódio decisivo para que deixássemos definitivamente a casa de Santa Teresa.

Naquela altura do campeonato, Marcelo já estava casado, aos 26 anos. Sergio, na faculdade de engenharia, chegava tarde, e eu, aos 17 anos, entrava num ritmo cada vez mais acelerado da vida, naquela fase me preparando para a faculdade de medicina, estudando muito.

Nós três fomos alunos do Colégio Santo Inácio, em Botafogo. Minha mãe lembra que sua vida era um sobe-e-desce permanente, porque era ela que nos levava para as aulas, encarando o trânsito no horário escolar e as ladeiras de Santa Teresa.

É a tal história: meu pai estava sempre fora, trabalhando

ou viajando. Usufruía da casa, mas principalmente nos fins de semana. Com aquele jeitão dele, percebe-se que não era exatamente o tipo que se mexia muito. Não temos muita lembrança de vê-lo na piscina, por exemplo, depois que viramos adolescentes...

Minha cunhada Daniela, mulher do Sergio, é que conta:

— Meu sogro era muito estudioso, trabalhava muito. Dona Monica fazia muita coisa para ele no cotidiano. Para tudo, ele chamava a Moniquica. "Traz uma água pra mim...". Aí ela entrava no escritório com a água e ele falava: "Pega um livro aqui pra mim...".

— É verdade — complementa Sergio — Ele pedia tudo pra mamãe.

Era uma relação muito estreita, uma codependência cheia de afeto.

Aliás, um parêntese: pela vida toda, meu pai viveu uma paixão e um carinho sem medida pela minha mãe. Para ele, ela era a Moniquica, a Princesa. Idolatrada mesmo. Claro que toda a cultura da época e dos antepassados também existia nele... na expectativa de que ela assumisse o papel de administradora da vida privada. Geracional e cultural. Ele dizia, segundo a minha mãe, que era só o trem pagador...

Isso sem contar as reuniões que meu pai organizava. Ele gostava de receber muita gente, mas o trabalho mesmo ficava com minha mãe. Haja discussão. Nada grave, porque meu pai não levava a sério as queixas. Desconversava. Tudo ficava na mesma, com a casa sempre pronta para o próximo fim de semana.

Certo é que minha mãe ficava muito mais tempo em casa, talvez porque tivesse vivido lá quase desde que nasceu. Ela já falava em mudança havia algum tempo. O primo Bernardo Schiller é enfático: diz que ela, ainda solteira, "detestava morar lá".

Até porque, verdade seja dita, todo mundo sabe que casa dá trabalho, ainda mais daquele tamanho. Em dois pavimentos, eram 38 cômodos! Vinte em cima, dezoito no térreo. O andar de cima era nossa responsabilidade, mas ela cuidava também do jardim, da piscina... Era muita despesa. Minha mãe lembra que eram dez funcionários com carteira assinada.

— Quando a gente chamava alguém para um conserto, o sujeito cobrava uma nota! — lembra minha mãe, entre risos.

Só que a gente foi ficando. Deve-se totalmente ao meu pai o fato de termos morado ali durante tantos anos, de 1962 até 1990.

Mas, em 1989, oito homens armados assaltaram nossa casa. Um dos muros havia desmoronado, não lembro por que, e estava sendo reconstruído. Acho que foi por ali que eles entraram e renderam os empregados.

Isso começou ainda de madrugada. Foram pegando os empregados um a um, sem pressa.

Eu saía cedo para o colégio. Era inverno. Estava escuro dentro de casa, e eu acendi a luz do corredor. Isso deve ter chamado a atenção dos invasores. Quando abri a porta entre as salas e a copa, me pegaram. Fiquei vários minutos no corredor, com uma arma na minha cabeça, só esperando. O negócio deles era não fazer barulho. Eles esperavam as pessoas saírem do quarto para abordá-las. Foi então que escutei meu pai conversando com minha mãe, naquela tranquilidade de sempre. Eu, quieto, torcendo para que fosse ele a sair primeiro, para não haver gritos e sustos caso minha mãe fosse pega na frente.

Mas não deu outra. Minha mãe saiu do quarto, e botaram-lhe a arma na cabeça. Foi aquela gritaria. "Pronto", pensei, "vai morrer". Nisso, Sergio acordou, veio também para perto, e assim pegaram todo mundo. Trancaram a gente no banheiro onde já estavam os empregados.

Minha mãe se lembra que eles tinham voltado da Europa havia uns quatro dias, e o bandidos queriam dólares. Pediram para abrir o cofre, que ficava no quarto dos meus pais. Pegaram o que havia lá — todas as joias da minha mãe, dinheiro daqui, moeda estrangeira. Tudo foi entregue.

No fim das contas, levaram o que quiseram e foram embora num dos nossos carros. Ninguém ficou ferido, mas o trauma foi grande.

Foi o gatilho para minha mãe bater o pé: queria sair dali. Chegara ao ponto máximo da paciência com a casa. Naquela época, a cidade estava experimentando uma fase crítica em matéria de segurança pública, e Santa Teresa era um dos bairros mais preocupantes. Não era um problema novo, nem foi resolvido desde então, mas foi uma época particularmente complicada.

O assalto deflagrou a mudança de Santa Teresa.

Meu pai até tentava minimizar o episódio. Dizia que, agora que a coisa tinha acontecido, não aconteceria de novo. Talvez estivesse certo, vá saber, mas minha mãe ficou firme. Disse que ele poderia ficar sozinho na casa, se quisesse. Meu pai respondeu que ficaria. Minha mãe lembra ainda hoje:

— Edson perguntou: "Sergio, você fica comigo?". Ele respondeu: "Vou com a minha mãe até para debaixo da ponte". O Eduardo era muito agarrado comigo.

Não deu outra. Ela tratou logo de começar a procurar apartamentos longe de Santa Teresa. Quando, mais por implicância do que qualquer outra coisa, meu pai reforçava o desejo de ficar, ela ainda apresentava um argumento definitivo:

— Ah, é? Você não sabe o trabalho que dá! Temos que sair daqui.

— Eu não vou — repetia ele. — Eu não vou.

Ficava nisso — mas só aparentemente. Na verdade, minha mãe já estava era bem cansada de administrar a casa... Era uma pequena empresa, com direito a livro-caixa e tudo.

Sem falar nos tais grandes almoços de fim de semana, que realmente demandavam uma operação de guerra. Certa vez, minha mãe limitou a trinta, no máximo, o número de convidados.

— E ele queria cem! Cem não dava, eu não aguentava... — lembra ela. — Eu acordava 5 e meia da manhã, fazia dez sobremesas... não é brincadeira! Eu sou muito rápida. Mesmo assim, eu estava cansada. Fazia as compras, levava e buscava os meninos, arrumava os carros. Ele não botava nem gasolina! Não se preocupava.

Lembro que certa vez, sem disposição para cozinhar para algumas dezenas de convidados, minha mãe contratou um serviço de bufê que meu pai havia elogiado. Meu pai comentou que não tinha gostado. Ela devolveu:

— Mas você não falou que o bufê era ótimo?

Foi nessa onda, totalmente impulsionada pelo assalto de 1989, que minha mãe descobriu o apartamento da Lagoa Rodrigo de Freitas. Na verdade, tinha ido ver um outro apartamento que estava sendo vendido no prédio onde, anos depois, nosso amigo Sergio Novis iria viver com a família, mas bateu o olho num prédio vizinho, em fase final de construção.

— Olha como é a vida — ela conta. — Fui olhar um apartamento. Perguntei quem era o construtor. Descobri que Edson era médico do casal dono da construtora. Entrei sozinha no prédio, vi o segundo, o terceiro andar. A vista do segundo é a mais bonita. Parecia que estávamos dentro da Lagoa. Resumindo: comprei em maio, e nos mudamos em novembro. Ainda houve nesse meio-tempo o confisco da poupança, em 16 de março de 1990, um dia após a posse de Fernando Collor na presidência. Foi um rolo, mas tudo se ajeitou.

Curioso é que, mesmo depois que nos mudamos para a Lagoa, meu pai não pensava em vender a casa.

— Ele era muito apegado — recorda minha mãe. — Mas a verdade é que ele também gostava muito da Lagoa. Um dia me falou: "Eu não ia confessar para você, mas adoro este apartamento!".

Depois que nos mudamos, a casa de Santa Teresa foi alugada para alguns estrangeiros e para filmagens — virou locação do longa-metragem *Olga*, por exemplo, e de novelas —, mas dava ainda muita dor de cabeça administrar aluguéis e manutenção.

Em 1995, feliz da vida, minha mãe enfim vendeu a casa. Lembro de um comentário poético do meu pai: "Aquela casa foi o sonho de uma noite de verão".

Minha mãe, menos lírica e bem mais pragmática, respondeu:
— Ah, para com isso!

## Acadêmico

As academias, no modelo francês, são a reunião de luminares de uma profissão, teoricamente a elite mais experiente e consagrada de uma área. Herança grega do humanismo de Platão, foram recriadas no Renascimento e se mantêm hoje como referência em muitos campos do saber.

Na medicina, não seria diferente. A Sociedade de Medicina do Rio de Janeiro foi criada em 1829, no império de Pedro I, e é a antecessora da Academia Nacional de Medicina. A eleição para uma de suas cadeiras continua sendo um reconhecimento importante, especialmente quando o médico se dedica, simultaneamente, à vida acadêmica e à clínica, caso do meu pai. Para ele, as questões científicas, da sociedade, do aprendizado, da formação e do exemplo eram muito importantes.

Tomando posse na Academia Nacional de Medicina

As academias sempre têm, sem dúvida, um lado político muito ativo. Meu avô Aarão, acadêmico, é claro, estimulou meu pai a buscar esse reconhecimento, mais do que justo e óbvio.

Sua primeira candidatura foi lançada em 1986. Não se elegeu — ali houve uma oposição, engrossada por uma disputa familiar, por incrível que pareça, vinda de seu concunhado. Havia esse atrito, sim — e não era recente. Situação delicada, mas não rara em famílias onde vários transitam no mesmo território...

O vencedor daquela eleição foi o professor emérito da Universidade do Estado do Rio de Janeiro, na cadeira de Doenças Parasitárias e Infecciosas, Dr. Pedro Aquino Noleto, bem mais velho que meu pai — era de 1918. Na época, a presidência da Academia era de Lopes Pontes, que conhecia muito meu pai.

Hoje, em retrospecto, vejo que aquela derrota foi traumática. Ele ficou magoado, mas não demonstrava nada — aliás, tentava consolar a todos nós, principalmente minha mãe, mas demorou a se mobilizar outra vez: a segunda candidatura só acabou acontecendo sete anos depois.

Claro, entrou para a Academia como merecia em 20 de maio de 1993. Coube a ele justamente a cadeira 9, a de seu sogro, o meu avô Aarão Burlamaqui Benchimol, que passara a membro emérito em novembro de 1992. O patrono da cadeira é o Dr. Miguel Couto — famoso pelo hospital público que leva seu nome, na zona sul do Rio.

Estivemos todos na posse, no dia 25 de junho daquele mesmo ano, aplaudindo o discurso. Recorrendo logo ao filósofo francês Michel de Montaigne, ele mesmo deixou claro como era importante colocar de lado, naquele momento, um pouco da razão que move a medicina: "Como Montaigne, creio que o homem só vale quando emocionado". Declinou: "Eu sou feito de amores, de sonhos, de ilusões. Ambivalente, amo a lógica, o domínio dos sentimentos, a serenidade de espírito na dimensão da compreensão, admiração e renúncia".

Bonito. E verdadeiro.

Citou a todos nós ("Há amores que não se descrevem. São amores com que se enternecem os corações — Monica, Marcelo, Sergio e Eduardo, o sol equatorial e a academia mais importante a que pertenço, a da minha família") e lembrou os pais: "Evelina deu-me muito além da vida. Deu-me toda a ternura do mundo, o exemplo do amor extremado ao próximo, amando as criaturas sem jamais julgá-las. Dela trago, indelével, a visão afetiva do mundo e do amor às criaturas. Meu pai,

Calim, deu-me amor paterno, o rigor dos princípios da conduta humana e o exemplo de uma força de decisão inquebrantável".

Também na Sociedade Brasileira de Cardiologia, instituição fundada em 1943 — bem antes que a especialidade se distinguisse da clínica médica —, meu pai teve participação muito focada na área educacional. Ele se filiou em 1968. Vale a pena ler os artigos que reproduzimos na íntegra no final desse volume. Dois deles foram publicados pela SBC e, neles, meu pai discorre sobre temas presentes na sua vida: a relação médico-paciente, a importância do exame clínico, a ideia de um sistema de saúde que realmente atenda os pacientes e a formação do médico.

Essas instituições eram, para ele, muito mais do que espaços de glorificação entre seus pares. Eram, sim, possibilidades de avançar no conhecimento, na capacidade coletiva de reflexão e atuação — de verdade, sinceramente.

Como diz seu ex-aluno e colega docente da Universidade Federal Fluminense Dr. Evandro Tinoco, ele tinha "imensa capacidade, extrema generosidade e zero de arrogância intelectual".

Aliás, a UFF foi também sua casa acadêmica a partir de 1970, quando ele se juntou a um time que já lecionava cardiologia desde 1964. Dr. Tinoco lembra:

— Edson Saad teve papel fundamental na criação da pós-graduação da UFF, junto com Raul Carlos Pareto Jr. Fizeram uma dupla na condução do serviço de cardiologia, com a construção do mestrado na especialidade. Tudo começou aí. Hoje temos doutorado, pós-doutorado e programa MD-PHD. Tudo veio desse primeiro passo, do mestrado que eles criaram.

Também lá, na UFF, construiu pontes para que os alunos fossem estudar fora. Tinoco recorda os concorridíssimos seminários das quartas-feiras no Hospital Universitário Antonio Pedro, e tem mais dois pontos importantes a destacar nessa atuação em Niterói:

— Ele foi um professor extremamente ativo, nas aulas e nos seminários de cardiologia, em toda a década de 1990. Uma de suas enormes contribuições foi ter enxergado a necessidade de integração entre a área clínica e as áreas básicas: anatomia, histologia, biologia, genética, imunologia, biofísica, fisiologia — ele lista. — A cardiologia passava a ser maior, mais abrangente. As ciências cardiovasculares abraçavam a multidisciplinaridade, com enfermagem, nutrição, fisioterapia. Era um espaço de conexão de saberes. Saad foi uma liderança na cardiologia do Rio de Janeiro e do Brasil.

Resumo da ópera: meu pai esteve fortemente ligado a três das quatro faculdades de medicina do Rio de Janeiro, em tempos de heroísmo e de glória da nossa cidade no campo do ensino médico. Mais do que ligado, foi um ativo e determinado construtor desse campo. Ele acreditava na importância do ensino de excelência, com toda a sua alma.

## Netos

No discurso de posse na Academia Nacional de Medicina, como disse acima, meu pai citou todos nós. Ainda acrescentou, no final da lista de seus amores em família, suas mais recentes paixões: os primeiros netos, João Pedro, de setembro de 1989; e José Antônio, recém-nascido, de abril de 1993 — ou seja, tinha menos de três meses no dia da cerimônia.

São os filhos de meu irmão Marcelo, o primogênito, que havia se casado com a advogada Heloisa Wald em novembro de 1987, na capela do Colégio Sion. A festa para centenas de convidados foi no antigo Hotel Rio Palace, na Avenida Atlântica — que já

Com alguns dos netos: João Pedro e José Antônio, de Marcelo; Luisa, a primeira de Sérgio; Henrique, meu primogênito

virou Sofitel e depois Fairmont. Em 1989, o casal se mudou para Cambridge, Massachussets — Marcelo fez um MBA, com destaque acadêmico, na MIT Sloan School of Management, uma das mais importantes escolas de negócios e finanças do mundo.

Marcelo tem uma carreira extremamente bem-sucedida. Ocupou posições de direção em bancos internacionais e tem hoje sua empresa, a Laplace Finanças, sediada em São Paulo.

Meu irmão do meio, Sergio, é igualmente bem-sucedido no caminho que escolheu — já mencionei que ele ocupa uma alta posição na IBM, empresa em que galgou postos no Brasil, na companhia global e nos Estados Unidos. Neste ano de 2023, é vice-presidente de *storage sales* para a empresa nos Estados Unidos. Sergio se casou com Daniela Vianna de Carvalho em 1993 — na capela da UFRJ, na Urca, com festa no Iate Clube, em frente —, e tiveram quatro filhos: Luisa, em 1998; Eduardo, em 2001; Gabriel, em 2002; e Carolina, em 2004. Eles rodaram o mundo: Flórida, de volta a São Paulo, Xangai, na China, Singapura, e depois Connecticut, nos Estados Unidos, e de volta a Flórida.

Uma coisa curiosa é que, dos oito netos, cinco nasceram nos Estados Unidos por conta das nossas vidas profissionais — o mais velho do Marcelo, os três primeiros filhos do Sergio e meu primogênito.

— Todos os netos foram muito próximos do avô. Eram uma paixão nossa — confirma minha mãe. — Mesmo morando fora, vinham frequentemente visitar a gente. O Edson, que foi extremamente exigente com os filhos no desempenho acadêmico, na postura, em tudo, com os netos era um banana. Dava livre acesso ao estoque de chocolates. Não ligava para as travessuras com objetos da casa, até os mais preciosos, nem mesmo com os dedinhos desenrolando e estragando as fitas cassete, antigamente tão sagradas. Ele dizia: "se não fizerem agora essas travessuras, quando vão fazer?"... E ria, tranquilo.

A exigência conosco, na infância, foi mesmo grande, tão grande quanto a confiança e a generosidade. Ele proporcionava tudo o que nós pedíssemos — livros, viagens, encontros com turmas de amigos, mas o desempenho escolar tinha que ser o melhor. Nenhum de nós ficou em recuperação na escola — com exceção para uma ocasião, comigo mesmo... época em que me dediquei demais ao squash, esporte que tinha adotado com entusiasmo e, ao mesmo tempo, um período em que estava viajando seguidamente com a família. Abafa o caso...

— Edson era daqueles de mandar escrever cem vezes o que um dos meninos tivesse errado. Cem vezes! — conta minha mãe.

Meus filhos são os mais jovens da turma de netos. Henrique nasceu nos Estados Unidos, em dezembro de 2001, quando Cynthia e eu estávamos em treinamento na Cleveland Clinic; e Guilherme, em novembro de 2004, já no Rio de Janeiro. O incrível é que Guilherme, que tinha apenas seis meses quando meu pai morreu, teve uma ligação impressionante, inexplicável, com ele. Cynthia, minha mulher, é quem lembra:

— Na antevéspera da morte do professor Saad, Guilherme, que era um bebê supercalmo, chorou a noite inteira, não dormiu, inquieto. No outro dia de manhã, quando chegamos ao hospital, a primeira coisa que a enfermeira perguntou foi: "Quem é Guilherme? O professor Saad chamou o Guilherme a noite inteira, desesperado". "Eu quero o Guilherme, o Guilherme está me chamando".

Cynthia observa que nosso filho caçula é extremamente parecido com meu pai. Minha mãe reforça:

— Um dia, Guilherme, com uns quatro aninhos, entrou aqui e gritou: "Moniquica!". A única pessoa que me chamou assim foi o Edson, e ele não tinha como saber disso. Vá entender...

## Esperando: os atrasos famosos

"Épicos" é um adjetivo costumeiramente aplicado aos atrasos do meu pai, não no dia a dia da universidade, como aulas e outros tantos compromissos administrativos. Por mais que ele perdesse a hora aqui a ali, não era nada que tenha sido considerado digno de registro.

O problema era no consultório — talvez o lugar onde ele

mais se esquecia do mundo lá fora. Por isso mesmo, de onde nunca teve pressa de sair. Minha mulher, a Cynthia, costuma comentar:

— Para mim, a devoção dele aos pacientes foi uma grande escola. Ele falava: "Minha filha, quando o paciente entra aqui nessa sala, o relógio para!" — lembra ela. — Certa vez, falei para ele que a sala de espera estava excepcionalmente cheia. Ele respondeu: "Vamos tomar um cafezinho? Quer um bolo?". Eu respondi: "Professor, tem gente saindo pelo ladrão", mas ele não tinha pressa. "Ora, vamos ali tomar um café".

Outro que recorda essas situações é o Dr. Marcelo Vieira Gomes, que foi por alguns anos assistente do meu pai:

— O professor Saad tinha uma quantidade absurda de pacientes. Não sei como ele aguentava. Às vezes, eu ficava nervoso por ele. Lembro que certa vez ele estava tranquilo analisando uma cinecoronariografia, com o consultório bombando. Eu comentei a respeito, e ele disse que quem determina o horário do consultório é o médico. "Eles vão me esperar", respondeu ele.

De fato, esperavam.

Em décadas de clínica do meu pai, não houve paciente que não tenha passado pela experiência de esperá-lo — às vezes, por horas — para ser atendido. Em seguida, já devidamente instalado à frente da grande mesa do Dr. Edson, era sua vez de entender por que meu pai se demorava tanto em suas consultas. A recompensa viria.

Tudo se explica, claro, pelo conhecido amor dele às pessoas com quem estava lidando, sobretudo os pacientes. A consulta não era como hoje, em que a maioria dos médicos, por vários motivos, mal sabe o nome de quem está à sua frente — com frequência, também sem tempo para "gastar" ali no consultório.

Mas vamos lembrar que meu pai tinha uma escola diferente: era a escola da falta de pressa. O importante era dar ao paciente um atendimento digno, e para todos. Com muita frequência, atendia sem cobrar nada quem não teria como pagar consultas.

Jardel Sebba, nosso primo, conta:

— Edson era de uma humildade rara. Eu tinha uma empregada que começou a ter um problema no coração. O médico recomendou que ela fizesse um eletro. Liguei para o Edson, e ainda recito o telefone dele: 224-1416. "Primo, a Aparecida, minha empregada, está assim, assado, o que eu faço?". "Olha, Jardel, pede para ela marcar hora. Manda no meu consultório". Assim foi. No dia marcado, ela foi atendida como todos os clientes importantes do Edson, sem pressa. Ele ainda arcou com o custo de todos os exames necessários.

Aqui vale registrar que, para a turma mais antiga de medicina (e para seus discípulos mais aplicados), a anamnese era uma etapa muito mais respeitada do que costuma ser hoje. A anamnese, para lembrar quem não sabe, é aquele momento inicial da consulta, quando, a partir dos questionamentos do médico, o paciente "se apresenta" com informações de que talvez nem desconfie, mas que já podem abrir caminhos para diagnósticos intrincados.

Sobrenome, por exemplo. Certos sobrenomes indicam claramente a origem do paciente. A partir daí, pode-se presumir a que tipo de enfermidades ele estaria teoricamente sujeito. Pense em pacientes de origem judaica. Trata-se de uma etnia em que historicamente havia poucos casamentos com indivíduos de outras religiões. Com isso, têm certa propensão a desenvolver problemas típicos de cruzamentos consanguíneos.

O médico Marcelo Vieira Gomes cita outros casos:

— Pessoas de países nórdicos costumam ter mais psoríase porque não tomam sol. Oriundos da França têm menos tendência a doenças cardiovasculares que os que vêm de países mais frios, como a Islândia, onde se consome mais bebidas destiladas. Os norte-americanos, com alta ingestão de gordura e açúcar, também estão na lista.

Mas vale dizer: nada disso deve ser confundido com preconceito. É tudo biologia, geografia, história. É matemática, genética, estatística. São indícios, como as pistas silenciosas que servem de alerta para Sherlock Holmes e que intrigam o parceiro Watson. Nada tem a ver com subjetividade — sendo esta, sim, a razão dos preconceitos, algo que nenhum médico pode ter, por definição. Ou ninguém, a rigor.

Há, naturalmente, aspectos importantes da anamnese que ainda devem ser lembrados. Idade, claro. Meio socioeconômico, nível de instrução, profissão. Esses pontos costumam falar muito, por exemplo, sobre a alimentação do sujeito. Pense também no entorno do paciente: os filhos estão saudáveis? Problemas com drogas na família? Dificuldades financeiras? Desemprego?

Para leigos, essas podem parecer questões que estão longe da doença em questão. Para o olho clínico, compõem o perfil do cotidiano do paciente, com possíveis raízes não aparentes de seus problemas.

O mergulho discreto, gradual, na vida do paciente abre também caminho para a construção de uma confiança mútua, outro ponto essencial na relação dos consultórios.

Era nesse momento da consulta que meu pai, assim como outros de sua época, começava a fazer a diferença. Fez questão de compartilhar o valor da anamnese não apenas com suas muitas turmas, como também deixá-lo registrado no *Semiologia*: "No curso da entrevista, o médico faz a si um grande número de perguntas: o que significa a atitude do paciente, o que significa seu sorriso, a gesticulação das suas mãos, o acento, o tom da sua conversa, o foco sobre alguns sintomas, a repetição de alguns dados etc".

Alunos do professor Saad costumam lembrar que ele sempre reforçava a importância de levantar a história clínica em deta-lhes — mesmo, ou talvez principalmente, para os pacientes já conhecidos. Não sendo psicanálise ao pé da letra, esse momento de fala-e-escuta é fundamental. Daí repito sempre: conheço poucos psicanalistas melhores do que meu pai.

E vale aqui mais um trechinho do *Semiologia*:

"Deixe o paciente falar livremente. Uns falarão pouco, outros falarão muito, mas para todos haverá um fim. É por vezes inevi-tável interromper um pouco o paciente que fala muito, mas tente fazê-lo um mínimo de vezes, com um mínimo de pacientes (...). Muitos, especialmente os mais velhos, têm poucos com quem conversar, e muito provavelmente, no universo das doenças cardiovasculares, aquilo de que eles mais precisam é alguém que lhes ouça, alguém com quem possam conversar, e ainda lhes manifeste respeito e simpatia".

A partir dessas breves considerações sobre as consultas típicas do meu pai, já dá para ver como elas eram demoradas. Também no livro, ele diz que o médico jamais pode demonstrar "cansaço, ou aborrecimento, ou pressa, sem jamais olhar o relógio, sem jamais fazê-lo sentir que está nos limites da sua paciência, que pode estar extrapolando no uso do seu tempo, que há coisas mais a fazer. Fazê-lo é um triste equívoco que traduz para o paciente, e para qualquer outro, uma hierarquia de valores, nas quais seu bem-estar não ocupa o primeiro lugar, o que é absolutamente destrutivo de qualquer relação pessoal".

Essa profunda atenção ao que cada paciente teria a dizer tomava muito tempo, daí os atrasos. Pacientes reclamavam? Alguns sim, outros não, mas sempre voltavam. Sentem falta dele até hoje.

De novo, palavras de Cynthia:

— Havia uma paciente que se recusava a sair da maca. Ela simplesmente queria ficar lá, e ficava. O professor Saad dava o tempo dela. Uma vez, eu disse: "Professor, tira ela aí, pelo amor de Deus". "Não, ela já sai. Deixa ela aí". Sem pressa. Às vezes, ficava até duas ou três da manhã no consultório. Incrivelmente, os pacientes ficavam aguardando. Até hoje tem gente que fala dele com uma ternura incrível... "Ah, não tem médico igual... A gente ficou órfão".

## IDT

Em 1995, Fernando Henrique Cardoso tomou posse como presidente da República e levou, para o Ministério da Saúde, o consagrado cardiologista Adib Jatene. Procurado pelos médicos do Hospital dos Servidores do Estado em busca de ajuda para a instituição, Jatene respondeu ao apelo, dias depois, convocando uma reunião com os diretores das 18 unidades federais no Rio de Janeiro. "O ministro afirmou, sem rodeios, que a solução para os hospitais dependeria dos esforços dos próprios médicos" — conta o também cardiologista Roberto Hugo da

Costa Lins em artigo na revista dos 50 anos da SOCERJ —, "e que só seria possível através de uma fundação de direito privado em cada hospital, nos moldes do InCor".

Pois um dos mais importantes projetos do meu pai era a criação do Instituto de Doenças do Tórax da UFRJ. O projeto foi acalentado e tomou corpo dois anos antes dessa fala do Dr. Jatene, que foi um dos criadores do InCor, mas meu pai não conseguiu tirar o IDT do papel. É uma entidade que existe até hoje, mas que não tem quase nada a ver com a concepção original. Essa é uma história que vale a pena ser contada — até para mostrar que nem tudo foram flores na caminhada tão vitoriosa dele.

A intenção do IDT era reunir, sob uma mesma estrutura, um instituto que integrasse — de preferência, em um mesmo espaço — as cadeiras e a prática de cardiologia e pneumologia, com respectivas subespecialidades. Essa reestruturação certamente daria um gás — se implementada como o previsto — não só no atendimento à comunidade, como também nas fundamentais áreas de pesquisa e ensino. O objetivo básico era fornecer infraestrutura para que cada professor se dedicasse integralmente à universidade, abrindo espaço para sua carreira e para os projetos de pesquisa.

Antes de falar da tentativa de implantar o IDT, há uma questão específica da Universidade Federal do Rio de Janeiro no que diz respeito aos institutos que fazem um importante pano de fundo. A Faculdade Nacional de Medicina, na Praia Vermelha, com seu prédio imponente e a reunião de talentos no corpo docente, era extremamente prestigiada — já vimos como os alunos, a exemplo de meu pai, ficavam extasiados com o ingresso na escola. Era virtualmente uma instituição à parte em relação à universidade.

Por outro lado, o fato de não dispor de um hospital associado — os alunos a partir do terceiro ano se distribuíam pelas tais cinco instituições hospitalares externas à UFRJ — abria espaço para que os professores catedráticos buscassem autonomia e financiamento para ensino e pesquisa. A verba surgia de seus contatos com políticos e a sociedade civil. Havia seis institutos na faculdade: de Puericultura e Pediatria (na Ilha do

Fundão desde 1953), Ginecologia (no Hospital Moncorvo Filho), de Neurologia, de Psiquiatria (ambos no campus da Praia Vermelha), de Tisiologia e Pneumologia (no Hospital-Sanatório São Sebastião, no Caju) e a Maternidade-Escola (Laranjeiras).

Com a inauguração do Hospital Universitário, em 1978, esses institutos foram perdendo tração. O próprio Clementino Fraga Filho, à frente do hospital, não media esforços para montar a melhor equipe possível. Conta-se que chegou a conseguir, junto à reitoria, a decisão de que qualquer concurso para docente incluiria a cláusula de que o professor teria de trabalhar no HU.

Mas, dez anos antes disso, já havia começado o esvaziamento da Faculdade de Medicina pela reforma universitária de 1968, promovida pelo governo militar, para "homogeneizar" — sinônimo de controle. É bom lembrar que o prédio da Praia Vermelha havia sido, em 1966, palco de uma intensa mobilização de estudantes contra a ditadura — e o prédio foi demolido em 1973, como já contamos. A reforma, no ambiente impositivo criado pelo AI-5, obrigava que o ciclo básico da área da saúde fosse unificado, reunindo professores de anatomia, farmacologia, histologia e outras matérias iniciais sob o mesmo guarda-chuva — um instituto de ciências biomédicas.

Quando o Hospital Universitário absorveu as atividades práticas dos alunos, configurou-se algo como um "esvaziamento" da Faculdade de Medicina como instituição. Terminado o ciclo básico no ICB, os alunos seguiam para a prática no hospital. Uma mudança e tanto.

Mas meu pai queria buscar opções que fortalecessem o ensino e a prática, que abrissem espaço para melhorias em instalações e equipamentos, com relativa independência. Ele tinha grandes amigos no vitorioso e gigantesco Instituto do Coração, e a constante e frutífera interlocução com eles o convenceu de que o Rio de Janeiro, sobretudo no âmbito da UFRJ, também teria chance de adotar o mesmo modelo e de ter o mesmo sucesso.

— Edson sempre elogiou o modelo do InCor, incorporando ensino, pesquisa e atendimento médico — conta o amigo Protásio Lemos da Luz, hoje pesquisador sênior do InCor e que foi companheiro de longa da data do meu pai, atuando em congressos da Sociedade Brasileira de Cardiologia. — Essas três vertentes da medicina sempre foram tratadas aqui com a mesma consideração. Um exemplo: a estrutura da pesquisa experimental é igual à estrutura para a clínica. Esse conceito é fundamental. Outro aspecto importante a considerar é que o InCor fazia parte da Faculdade de Medicina da Universidade de São Paulo e tinha, portanto, muitas limitações do ponto de vista do orçamento, de atendimento e, principalmente, da pesquisa. Mas criamos um canal de financiamento e apoio: a Fundação Zerbini. Com isso, hoje somos uma entidade de fundo administrativo misto: o estado de São Paulo, no Hospital de Clínicas, e a Fundação Zerbini. Isso beneficiou muito o InCor.

Pois foi com essa ideia fundamentadora, naquele 1993, que meu pai e alguns amigos da UFRJ começaram a estruturar o IDT (de novo: não o atual, mas o projeto amplo e completo). O IDT reuniria as áreas de cardiologia, pneumologia, tisiologia, cirurgia cardíaca e cirurgia torácica.

Uma possível dificuldade, a de conseguir o espaço físico para essa grande estrutura, já tinha solução muito bem-encaminhada. A Petrobras, que também ocupa parte da Ilha do Fundão e que sempre trabalhou em parceria com a UFRJ, havia aberto um processo de doação para o IDT: nada menos que um prédio no campus. Na verdade, um esqueleto, mas já era um grande passo. Partiu-se para o projeto arquitetônico, que gerou reuniões lembradas ainda hoje pelo amigo Gilberto Ururahy:

— Assistir ao professor e interagir com ele, nas reuniões sobre o tema, era uma fonte de aprendizado gigantesco — conta Ururahy. — Diante de pranchas de arquitetura do hospital, ele riscava, orientava e agregava ideias, sempre com muita serenidade, voz suave e elegância. Quando tinha dúvidas, indagava e buscava a melhor solução para qualquer necessidade funcional do serviço. Quando discordava, pedia um tempo para refletir e, para surpresa de todos, rapidamente, novas ideias eram apresentadas e aplaudidas. Ele sempre estava determinado a contribuir, motivar, inspirar e ensinar.

Também foi feito um estudo financeiro detalhado, incluindo

o orçamento para a viabilização do novo prédio, tudo conforme a comissão do IDT determinava. Do ponto de vista jurídico, faltava o reitor assinar o documento de cessão do edifício.

Enquanto isso, o projeto ganhava força. Em pouco tempo, havia pelo menos 110 médicos empenhados em estruturar o futuro instituto. Mesmo que muitos não dedicassem tempo integral ao projeto, essa reunião de pessoas experientes, de várias áreas, mostrava que o IDT tinha o aval do corpo docente da universidade. Até porque, vamos reforçar, não se tratava de criar uma dissidência na Faculdade de Medicina. Isso ficou claro desde sempre. Muito pelo contrário: seria uma extensão que multiplicaria sua competência.

Em abril de 1998, votou-se para a nova reitoria. Meu pai saiu candidato a vice-reitor na chapa do professor Aloísio Teixeira, do Instituto de Economia. Eles concorriam com a médica Vera Haoulfon e com o professor José Henrique Vilhena, da área de filosofia, entre outros candidatos.

Aloísio venceu a eleição com 6.809 votos (42,58% do total), seguido pela Vera (com 4.308 votos) e por Vilhena, com 966 votos (11,14% do total). Ou seja, Aloísio foi, de longe, o mais votado pela comunidade da UFRJ, mas o então presidente, Fernando Henrique Cardoso, decidiu empossar Vilhena.

A decisão de optar por um candidato minoritário é uma prerrogativa do presidente, garantida por lei desde 1995. Portanto, do ponto de vista jurídico, nada de anormal. Mas conceder a reitoria ao candidato menos votado foi uma decisão claramente contrária à vontade dos professores, funcionários e estudantes. A rapaziada ocupou o prédio da reitoria por 44 dias e fez protestos nas ruas da zona sul do Rio. Queriam a posse de Aloísio, insistindo que a vitória de Vilhena não era democrática.

Vilhena acabou tendo muitos problemas na sua administração. Tanto que, quatro anos depois, nem tentou se reeleger.

Mas como o projeto do IDT entra nessa história?

— Agindo muito eticamente, como sempre, Edson abriu mão de participar do conselho universitário, pois perdera as eleições. É praxe — conta o professor Nelson Albuquerque de

Souza e Silva. — Mas Vilhena simplesmente se sentou em cima do documento de cessão do prédio para o IDT e não o assinou. Assim, perdemos o prédio.

O professor Nelson foi uma espécie de administrador geral na fase de projeto do instituto. Lembra, por exemplo, que Vilhena fez uma intervenção no Instituto de Tisiologia e Pneumologia, que ficava no Caju. Sem qualquer razão administrativa, derrubou o então diretor, que fora eleito pela comunidade, e plantou ali alguém da turma dele, que se mostrou contrário à união da cardiologia com a pneumologia. Assim derrubou-se, de vez, a chance de o projeto do IDT ir adiante.

Professor Nelson lembra que todo o IDT teve que ser reestruturado com foco apenas em cardiologia, além de se limitar a um espaço dentro do Hospital Universitário — e não ser mais independente.

De alguma maneira, essa solução tinha a ver com o ideal do professor Clementino Fraga, que sempre quis trazer todos os institutos para dentro do HU. Não conseguiu totalmente — basta ver que o Instituto de Psiquiatria ainda está no campus da Praia Vermelha, em Botafogo.

Segundo Eduardo Fraga, filho de Clementino, o pai não era adepto da ideia, defendida pelo meu pai, da criação de um instituto do coração nos moldes do InCor. Fraga Filho achava que a clínica médica era soberana e que os institutos dispersavam recursos e foco. Já o meu pai, por outro lado, achava que a possibilidade de impulsionar formação, pesquisa e atendimento através de financiamento privado, entre outras possibilidades que um instituto ofereceria, compensaria todas as possíveis desvantagens.

— Meu pai era totalmente contra esse modelo — confirma Eduardo Fraga. — Ele não aceitava. Entendia a Medicina como clínica médica. O Edson era um especialista. Meu pai, não. Eram as clínicas todas, e tinha uma ronda dos pareceristas. Eles dividiam. Cada posto tinha seus pareceristas, mas quem tomava conta eram os clínicos, que chamavam os pareceristas quando necessário. Existiam os institutos de psiquiatria, de neurologia, de pediatria, de doenças infectocontagiosas, doenças de tórax e tuberculose, enfim, a universidade tinha uns cinco deles. Meu pai não aceitava isso. Era contra sua concepção de medicina, que tinha de ser clínica. A ideia dele, quando abriu o hospital, era de que todas as enfermarias seriam de clínica médica, com exceção de uma, da nefrologia, porque ela permite a diálise, o que seria uma peculiaridade. Ficava à parte, isolada. As outras enfermarias ficavam sob a supervisão do serviço de clínica médica e da chefia dos serviços clínicos.

Independentemente desse conceito, meu pai realmente acreditava na ideia do IDT, mas o sonho ficou no caminho. Uma pena imensa.

A propósito, vale registrar que lá na Cidade Universitária existe uma área bem grande, e simpática, perto da prefeitura da UFRJ, cuja visão sempre nos toca: a Praça Edson Abdalla Saad.

## A mais alta das tecnologias

De qualquer maneira, meu pai foi, a vida inteira, um estupendo clínico geral. Não foi à toa que escolheu escrever sobre o assunto que embasa a capacidade diagnóstica do médico e estrutura sua relação com o paciente — seu livro é um *Tratado de Semiologia*. Seria o primeiro volume de três, mas ele só fez o primeiro, publicado em 2003. Até hoje é procurado, usado, lido e relido. Meus primos Jardel e Mário Saad, por exemplo, contam:

— O livro do professor Edson Saad é insubstituível — diz Jamil. — Porque é muito mais do que um livro de conhecimento científico médico. Era ele, o que ele era. Foi o maior projeto da vida dele. Ele dedicou muito tempo a esse livro.

Mário, endocrinologista e professor na Unicamp, completa:

— Você não imagina como eu uso aquele livro. A parte em que ele fala da relação médico-paciente, o conhecimento que ele tinha de filosofia, tudo é impressionante. Eu dou aula de Semiologia, e é um instrumento muito valioso. Eu gosto de presentear meus amigos cardiologistas com esse livro.

Não foi reeditado — ainda. Vale a pena destacar alguns trechos, como esse aqui: "Na prática profissional, os médicos têm que ter conhecimento amplo de toda a especialidade médica.

Optei por um livro que tem face e me representa, nos meus erros e acertos, nas minhas virtudes e nos meus defeitos, mas também com o meu fascínio pelo conhecimento médico, pelos métodos de raciocínio, análise e síntese e, sobretudo, por minha paixão, meus sonhos e minhas ilusões".

Mais adiante: "O uso e o abuso dos métodos complementares trazem consigo uma nefasta situação de afastamento do médico de seu paciente. Há que se recuperar essa herança clínica, uma vez que os métodos complementares, por si só, não dão diagnóstico. Por melhor que seja um RX, ele não consegue ouvir um estertor".

No Hospital Universitário, ele tinha o ponto privilegiado de observação como clínico, no contato diário com pacientes de todas as origens. Sua atuação como professor era cuidadosa, profunda, intensa, e ele mantinha-se em estado de atualização constante. Na clínica privada, atendia e tratava amplamente, em todas as áreas da clínica médica, mas era mesmo conhecido e procurado pela cardiologia. Em toda a sua vida profissional, meu pai acompanhou de perto o que chamou de "evolução do pensamento cardiológico e do exame cardiológico ao longo dos anos".

Não custa lembrar que a cardiologia só se consolidou oficialmente como uma especialidade em meados da década de 1950, apesar de a Sociedade Brasileira de Cardiologia ter sido fundada em 1943. Já mencionamos que a primeira faculdade primeira faculdade a estabelecer uma disciplina exclusiva de cardiologia foi a da Guanabara, que se tornaria UERJ. Meu avô Aarão foi o primeiro catedrático do Rio de Janeiro, em 1959.

Mas por que falar nisso no embalo da Semiologia? Exatamente porque a cardiologia se destacou da clínica médica, mas meu pai nunca deixou de ser um verdadeiro detetive da medicina, como já falamos. Seu exercício de dedução e compreensão de um quadro de sintomas — as pistas — era extraordinário. O quadro era sempre examinado, claro, no seu conjunto, percebendo que um elemento influencia o outro, altera ou oculta uma terceira manifestação. Ou, como dizia Sherlock Holmes, é preciso observar, e não apenas ver. Era o que ele fazia.

Instrumentos de diagnóstico são auxiliares, mas não

substituem a mente afiada de um clínico. Claro que, a partir da criação de novos procedimentos, máquinas e abordagens de diagnóstico de alta precisão, a medicina evoluiu impressionantemente, mas também se desligou de uma tarefa básica do médico: concentrar-se no exame do paciente. Hoje o olhar que enxerga o panorama geral de um paciente pode estar sendo perdido quando se priorizam tantas subespecialidades e especializações dentro das especializações.

De novo: meu pai valorizava demais esses instrumentos. Até metade do século passado, o exame cardiovascular consistia basicamente em avaliação física do paciente, eletrocardiograma, RX de tórax e alguns exames laboratoriais.

Indo ao básico: não podemos imaginar uma medicina sem estetoscópio. "Poucos médicos terão contribuído para o método do exame físico como René Laennec, que inventou o estetoscópio e divulgou seu uso em 1819. Antes da invenção desse instrumento, os médicos aplicavam o ouvido sobre o peito e precórdio do paciente para examinar o coração e os pulmões", escreveu meu pai.

Mas, na época em que esse aparelhinho tão simples quanto genial foi apresentado à comunidade científica, houve até resistência ao seu uso. Às vezes, cientistas fazem avaliações apressadas.

Vimos essa história páginas atrás, na criação do cateterismo. A partir dos anos 1950 — no Brasil, anos 1960 —, o procedimento constituiu-se "numa pilastra para o avanço dos conhecimentos cardiológicos", crava mais uma vez meu pai, que foi pioneiro no Rio de Janeiro. Dali para a frente, poderíamos falar de ecocardiografia, tomografia computadorizada, ressonância magnética, ecodoppler e muito mais.

Só que, a partir do uso exagerado dessas tecnologias, houve um distanciamento progressivo nas relações entre o médico e o paciente. A medicina precisa ser uma prática humana, demasiado humana. Perder essa ideia é um risco imenso, que muitos colegas ainda não perceberam. Tem sido assim há décadas, com muita gente achando que o uso intensivo dessas novidades tecnológicas pode substituir o papel do profissional da medicina.

Outra reflexão importante do meu pai: ele contava que, em

determinado momento da história, convencionou-se dizer que hoje a medicina usa "alta tecnologia" no diagnóstico. Faz sentido do ponto de vista puramente tecnológico. O problema é que essa denominação implicaria a existência, em contraponto, de uma certa "baixa tecnologia", que seria justamente aquela exigida no tipo de exame mais tradicional da segunda metade do século passado, que citamos há pouco.

Meu pai contesta essa ideia: "Entendemos a baixa tecnologia como o exame inicial, mas que, na realidade, usa a mais alta das tecnologias, não-reprodutível pelos poderes do homem, que é o cérebro humano".

Elementar, meus caros, mas é triste ver que cada vez menos se entende a medicina dessa maneira. Esse é um ponto-chave para admirar toda a diferença que meu pai fez na vida de seus milhares de pacientes e alunos durante tantas décadas: "A alta tecnologia deve subordinar-se à tecnologia do cérebro, para permitir melhor capacidade diagnóstica e seu uso mais economicamente racional em cardiologia".

Isso é treinado na Semiologia médica.

Para o linguista Ferdinand de Saussure, Semiologia é a "ciência geral que tem como objeto todos os sistemas de signos (incluindo os ritos e costumes) e todos os sistemas de comunicação vigentes na sociedade", em verbete do dicionário Oxford. Estuda, portanto, os sistemas em geral — de gestos a linguagem dos animais, de vestuário a artes. Já especificamente a Semiologia médica é "meio e modo de se examinar um doente, de se verificar os sinais e sintomas; propedêutica, semiótica, sintomatologia".

Ou seja, além de detectar os sinais físicos, emocionais, da história pregressa, e relacionar tudo isso compreendendo importâncias e hierarquias na condição de cada paciente, a Semiologia trata de ensinar como se portar à beira do leito e no contato com o paciente. Meu pai se estende, no seu tratado, a todos os níveis dessa relação, sem fugir de temas difíceis, como a doença terminal e a sexualidade no relacionamento. É uma obra corajosa, especial, completa, e que não perdeu relevância. Muito pelo contrário.

Para meu pai, não havia nada mais importante que o momento inicial de interlocução com seus pacientes. É a partir dessa interação que a mágica funciona. De um lado, um ser humano necessitado de ajuda, nem sempre ciente do que está acontecendo, nem sempre sabendo como expressar seus problemas. De outro, um ser humano com experiência, estudos, inteligência, raciocínio lógico e, sobretudo, paixão pelo que está fazendo. Como disse o professor Clementino Fraga Filho no prefácio do *Tratado*, a palavra paixão aparece muitas vezes no texto.

"Não é possível o exercício profissional com pouco envolvimento afetivo. Logo, o primeiro elemento de um diagnóstico é a paixão do médico pelo seu ofício. Como em qualquer relação, a do médico com o ser humano que o abriga precisa ser continuamente cultivada, acariciada, alentada. Também, como em qualquer relação humana, ela vive mais de pequenas atenções do que de grandes ocasiões. Pequenas vitórias, pequenos sucessos, pacientes ajudados, situações familiares em que o médico age como conselheiro, ajudando sua solução, constituem as pérolas da profissão."

Foi o que meu pai ensinou e, mais que isso, como agiu por toda a sua vida. Prova disso está no fato de que, mesmo há tanto tempo longe de nós, ainda há muita gente que se emociona ao lembrar de atitudes do meu pai que, para ele, eram corriqueiras — mas que faziam toda a diferença do mundo, por exemplo, para seus pacientes.

Lembro de novo de Nair Bacelar, aquela querida paciente de longa data. Meu pai tratava dela desde o tempo em que atendia no Largo do Machado, na década de 1960. Em determinado momento, ela teve que passar por uma histerectomia — a retirada do útero. É um procedimento cujo pós-operatório requer muitos cuidados, porque representa não só uma perda do ponto de vista orgânico, mas também mexe muito com a estrutura psicológica da grande maioria das pacientes.

A princípio, esse tipo de cirurgia nada teria a ver com meu pai, mas ele sabia que, quando procurado por Dona Nair depois de 15 dias da histerectomia, não haveria como negar uma visita à casa dela, caso fosse solicitado. Ainda hoje, Dona

Nair se mostra sensibilizada quando conta que, ao sentir-se incomodada com taquicardia e outros sintomas preocupantes nesse período, pediu que telefonassem para meu pai e que ele fosse encontrá-la em sua casa.

Quando foi localizado, meu pai prontamente respondeu que sim, claro. Iria vê-la tão logo pudesse. Provavelmente, só conseguiria chegar lá à noite, mas iria vê-la, com certeza. Assim foi.

Mas quem conta, agora, é a própria Nair:

— Dr. Saad chegou por volta das 8 e meia da noite. Fez a consulta com toda a paciência de sempre. Aí constatou que eu teria que voltar para o hospital. Ele ligou para seus amigos médicos e deixou tudo acertado para minha nova internação. No fim, agradeci. Ele me acalmou. Preparamos tudo. Enquanto aguardávamos a remoção, me perguntou: "A senhora sabe de onde estou vindo?". Respondi que não, e ele, com a gentileza tão característica dele, me responde: "Estou vindo de Belo Horizonte, Nair. Estava no enterro da minha mãe". Isso muito me sensibiliza até hoje. Como pode alguém ser assim? Ele era um ser humano incrível. Não existe outro.

Esse episódio fala muito sobre meu pai.

Nair lembra de outra característica do meu pai: elegância.

— Ele estava sempre impecável, a cada semana com uma gravata borboleta mais bonita que a anterior... — elogia.

Único, de verdade.


## Terremoto

Quando falamos dos muitos pacientes que pontuaram a longa carreira do meu pai, é impossível não lembrar de Germana Guinle. Ela sempre foi uma mulher bastante ativa, executiva da bem-sucedida empresa da família e que, por isso, viajou o mundo inteiro fazendo negócios. Foi uma pioneira no seu setor.

A partir de certo momento, ela começou a se preocupar mais com a saúde. Tinha medo de sentir-se mal e de precisar de assistência enquanto estivesse sozinha mundo afora. Com isso, passou a contratar meu pai para acompanhá-la em suas viagens, que eram muito frequentes. Eu mesmo, depois de formado, cheguei a viajar com ela.

Especialmente marcante, nessa convivência, foi uma longa estada em Londres. Na época, meados dos anos 1980, um parente próximo de Germana apresentou um quadro grave de hepatite. Os prognósticos aqui no Brasil eram incertos, e ainda estávamos longe de soluções, como o transplante de fígado. O melhor a fazer foi levá-lo para um tratamento na capital inglesa, onde havia um respeitado centro especializado em hepatologia e uma das maiores autoridades no campo: a médica Sheila Sherlock.

Entre internação, tratamento e recuperação, foram meses. Meu pai reforçava o grupo que acompanhava Germana. Ficou nesse vai e vem durante todo esse tempo.

— Edson era uma pessoa companheira, amiga. A gente chegava aos hospitais, e ele logo se entendia com os médicos. Isso nos dava muito conforto — conta Germana, que até hoje faz questão de elogiar cada membro da nossa família. — Ficamos bem próximos, e estivemos todos juntos em Londres algumas vezes.

Aliás, comentando essas viagens, Germana lembra de um episódio inusitado:

— Certa vez, no Japão, percebemos que estava ocorrendo um breve terremoto. Eu ia entrando em desespero, mas ele me segurou pelo braço e me acalmou. Já nem lembro em que ano foi isso. — diz ela. — Mas Edson era assim. Resolvia tudo com muita elegância.

## Cidade do coração

Elegância lembra mesmo a capital inglesa. Londres era, seguramente, a cidade preferida do meu pai. De certa maneira, sempre encontrava um motivo para passar por lá.

Havia referências profissionais importantes para ele, que dizia que a escola inglesa de medicina é notável pelo seu senso de observação, de raciocínio. Tudo a ver, claro, com o Sherlock Holmes de quem ele tanto gostava.

Já falamos da visita ao Rio de Janeiro do Dr. Wallace Bridgen, que comandou várias cirurgias no Hospital Moncorvo Filho, nos anos 1960 — aquele que ouvia os pacientes em uma língua que ele não entendia, mas prestava atenção "como se estivesse examinando o rei da Inglaterra", narrou meu pai certa ocasião.

Outro britânico inesquecível foi o Dr. Paul Wood, por quem meu pai era fascinado e a quem chamava de "príncipe da cardiologia mundial". Em entrevista à SOCERJ, contou que fez questão de visitar o ambulatório do Dr. Wood no hoje chamado Royal Brompton, o maior centro médico dedicado a coração e pulmão no Reino Unido. Queria matar algumas curiosidades, inclusive conferir as papeletas do seu ídolo. Ficou surpreso quando percebeu que Wood escrevia cartas quilométricas, em que registrava todo o raciocínio que construíra a respeito de cada caso de sua clínica. "Era o Paul Wood falando para o Paul Wood!", vibrava meu pai.

Essas e outras tantas interações com médicos respeitados em outros países foram fundamentais para o aperfeiçoamento do Dr. Edson Abdalla Saad como médico, mas a ligação dele com Londres ia além dos interesses profissionais.

— Ele dizia que era o grande lugar civilizado — conta Germana Guinle. — Tinha razão.

Meu pai fazia questão de pregar a capital inglesa como um centro pouco conhecido, ou mal explorado, inclusive pelos seus colegas de ofício.

— Sabe como o Dr. Edson chamava Paris? De "subúrbio de Londres" — diverte-se o clínico e amigo Roberto Zani. — Ele defendia muito a capital britânica e discutia comigo porque eu gostava mais de Paris. Como eu tinha morado em Londres, conheci o lado bom e o lado ruim de lá, então preferi ficar só com o lado bom de Paris, mas ele não concordava. Era nossa única divergência importante!

Alguns dos endereços preferidos do meu pai em Londres já se perderam na memória, mas a gente sabe: além de restaurantes, havia as livrarias, os museus e os teatros que a cidade sempre ofereceu — e oferece — em abundância.

As malas dele costumavam voltar cheias. Trazia os mais atualizados livros de medicina para sua incrível biblioteca. Nem precisamos dizer que as lojas de canetas eram visitadas com fervor, assim como a Harrods e a Selfridges, lojas de departamento. Adorava comprar tapetes e louças. Nunca deixava de encomendar ternos sob medida na Burlington Arcade e na alfaiataria Gieves & Hawkes, fundada em 1771, que fica no número 1 da famosa Saville Row. Fazia frequentemente passeios pelos fantásticos parques da capital inglesa, como o Hyde Park. Amava o chá das cinco do Hotel Dorchester.

Falando em hotéis, um parêntese para contar uma historinha. Na primeira vez que fomos a Londres, Cynthia e eu, ainda namorados, ele fez questão de nos proporcionar um jantar no Hotel Connaught, um lugar tradicionalíssimo, onde só se entra de gravata. Fomos... e deu tudo errado. Pedi um prato sem saber direito o que era. Veio um fígado de alguma caça que não dava para comer, de tão esquisito. Cynthia se engasgou feio com uma espinha de peixe... Foi um desastre. "Depois a gente chorava de rir! E o professor riu demais dessa história", lembra Cynthia. "Falou que éramos uns patetas". São lembranças hoje divertidas.

Sem falar, claro, nas toneladas de chocolate para encher o armário lá de casa e as gavetas do consultório. Era uma época em que não era nada fácil encontrar no Brasil as marcas europeias de chocolate.

Enfim, meu pai se dava a pequenos caprichos e prazeres nessas estadas londrinas, e mencionava constantemente a classe, a atitude respeitosa e impecável dos ingleses — ao menos os daquela época.

Numa biografia dele, não dá para não mencionar essa paixão pela capital da Inglaterra. Assim, como conta nosso primo Jardel Sebba, meu pai tinha na ponta da língua a resposta para quando perguntavam a ele quais as três melhores cidades do mundo:

— Londres, Heidelberg e Catalão! Não necessariamente nessa ordem...

# 5

## Despedida

Eu me formei em novembro de 1997.

A cerimônia de formatura foi regada a emoção — além daquela felicidade natural de finalizar uma etapa, compartilhamos a alegria incomensurável do meu pai. A alegria de ter meus dois irmãos já profissionalmente muito bem-encaminhados se somava agora ao meu diploma de medicina. Não cabia em si de felicidade.

Na formatura

— O professor estava extático — lembra Cynthia, então minha noiva. — Estávamos todos lá e, de repente, ele sumiu... e apareceu no palco, para entregar o diploma a Eduardo. Era a imagem da realização.

O noivado com Cynthia havia sido em março. Nós nos conhecemos na Clínica São Vicente: eu como estagiário, ela já no staff do CTI. Ela tinha sido aluna do meu pai, como falamos aqui. Já conhecia o carisma, o afeto, a dedicação... e a reserva dele. Nas palavras dela:

— Ele era muito fechado para receber demonstrações de carinho... e eu sempre fui uma beijoqueira incontrolável. Mas, ao longo dos anos, o acostumei, a duras penas, a receber meus beijos e abraços. No início, ele chegava a ficar tenso quando eu o abraçava! Por outro lado, o chamava de professor até o dia em que ele se foi.

Na escolha da data do casamento, uma feliz coincidência: havia a chance de fazer a cerimônia dia 11 de julho de 1998 — véspera do aniversário de 63 anos do meu pai.

Aniversário celebrado no meu casamento com Cynthia

— A cerimônia foi na Igreja de Nossa Senhora de Bonsucesso — continua Cynthia. — O professor fez questão de convidar TODOS os pacientes dele para nosso casamento. Foram 1500 convites distribuídos. Ele era mesmo agregador! A festa foi no antigo Hotel Copa D'Or, que logo depois virou hospital. À meia-noite, entrou um bolo, e cantamos um enorme parabéns com as centenas de convidados.

Eu havia entrado na residência do Hospital Universitário em março desse ano, 1998, e, no último ano, quando se pode fazer uma rodada eletiva, pensei em sair do Brasil.

Meu pai tinha um grande amigo na Cleveland Clinic, um cardiologista de origem dominicana, Dr. Irving Franco. Os dois se davam muito bem, eram muito parecidos em suas posturas. Dr. Franco era intervencionista, como meu pai havia sido. Com as frequentes visitas de meu pai acompanhando pacientes, ficaram muito próximos. Lembro também de uma visita da família Franco ao Brasil, quando passeamos juntos. Por sugestão do Dr. Franco, fui para um estágio de observação de três meses na superprestigiosa Cleveland Clinic.

Lá, por uma feliz coincidência, me aproximei daquele que considero um segundo pai — Dr. Andrea Natale, então chefe do setor de arritmias cardíacas, uma área que já me interessava muito, ainda de maneira meio velada.

A culpa foi do café. Eu estava acompanhando um curso intensivo que acontecia na cidade, organizado pela própria Cleveland Clinic. Estava frio, eu cansado... fui tomar café, coisa que nunca fazia. Dr. Natale estava lá, excepcionalmente sem o séquito habitual. Pudemos conversar, e ele me estimulou a tentar uma candidatura como *fellow* — programa longo e disputadíssimo, que, na época, acolhia dois candidatos apenas entre inscritos do mundo inteiro.

Eu já tinha feito os Steps durante a faculdade — prova indispensável para exercer a medicina nos Estados Unidos, parte do USMLE (United States Medical Licensing Examination, o Exame de Licenciamento Médico dos Estados Unidos).

Acredito que o exemplo de meu pai e o estímulo que ele sempre deu a todos os alunos para que se aperfeiçoassem lá fora tenham sido fundamentais para que, mesmo sem saber, eu me adiantasse nesse processo. Aí abriu-se uma porta gigante. Fui aceito e me mudei para lá em julho de 2001.

Tudo isso para contar que quase fiquei de vez. Meu filho mais velho, Henrique, nasceu em dezembro de 2001. Era uma carga de trabalho imensa e igual volume de oportunidades. Meu pai estava muito feliz e foi nos visitar em março de 2002, para conhecer o neto. Uma vez, ele foi comigo para o hospital, assistiu a procedimentos, orgulhoso. Sei que ele comentava com as pessoas, mesmo que eu estivesse numa atividade diferente da dele. Eu optei por não dar continuidade ao consultório, ao fazer uma subespecialidade da cardiologia.

Quando se aproximava o final do período de *fellowship*, Dr. Natale me convidou para ficar, mas esbarramos num muro intransponível: o visto negado por conta dos atentados de 11 de setembro de 2001. Não era um caso pessoal: não houve concessão a ninguém do visto O-1, o *Outstanding Visa (Individuals with Extraordinary Ability or Achievement)* ainda por causa dos atentados. Tentamos de tudo: cartas de senadores, médicos, tudo mesmo. Ficamos muito tristes com isso. Cynthia lembra da presença de meu pai nesse momento:

— Talvez a decisão mais difícil do Eduardo tenha sido a de voltar de Cleveland. Naquele desespero, fomos ao professor Saad, a quem a gente recorria quando estávamos numa dúvida muito grande. Era o conselheiro das decisões muito importantes. Aí vinha aquela voz que acalmava. Ele disse: "Olha, quando a gente não resolve, a vida resolve, meu filho. Então vem embora". Bastou. Uma coisa tão simples, mas, vinda dele, teve um peso gigantesco.

Voltei, muito a contragosto. Foi a melhor coisa que poderia acontecer, mesmo não tendo seguido a mesma especialidade do meu pai. Fazer um treinamento numa área diferente, uma subespecialidade, de certa forma significava abrir mão da herança dele, tanto na clínica quanto na universidade. A essa altura do campeonato, ele vinha com muitas decepções na universidade por conta da dificuldade na criação do instituto. Não era o ambiente que eu queria para mim. Assumi o risco, trocando o certo pelo incerto, mas as coisas andaram bem. Sei que ele tinha orgulho do meu caminho na medicina.

Ele ainda me ajudou muito no desenvolvimento da minha prática. Os pacientes com arritmia se consultavam comigo — de fato, os primeiros pacientes em quem fiz procedimentos de ablação e implante de marcapasso eram pacientes dele. Aquela foi a maneira de estar perto dele, de ajudá-lo numa fase mais frágil, e de também ele me ajudar a construir o que eu tenho hoje. Foi uma troca incrível, realmente.

E pude estar perto dele nos anos mais difíceis.

## Despedida

Na cerimônia onde se tornou Professor Emérito da UFRJ

Mesmo após o alerta do infarto em 1990, que implicou uma cirurgia delicada e tantas complicações em seguida, meu pai voltou à ativa, gradativamente, até atingir seu costumeiro ritmo insano de trabalho. Ou foi além disso, diz Cynthia:

— Parece que, depois do problema cardíaco, o professor Saad se dedicou mais ainda aos pacientes e ao ensino. Ele se agarrou ao trabalho com mais paixão ainda, com mais força de vontade e energia, com mais determinação de fazer a diferença.

Mas o mais importante ele não fez: se cuidar. Não deu à própria saúde a mesma atenção que dava à dos seus pacientes. Às vezes, ele caminhava na pista em torno da Lagoa Rodrigo de Freitas, mas não tinha constância nem persistência no exercício.

Bem no final dos anos 1990, os sintomas da sobrecarga de gordura no fígado começaram a se manifestar de maneira mais clara. Em abril de 2001, foi desligado da UFRJ por invalidez permanente — um momento de grande tristeza para ele, como lembra minha mãe. Uns dois anos depois, a situação dele já era de fragilidade bem pronunciada.

Dizem que médicos são os piores pacientes. O professor Henrique Sergio, hepatologista que cuidou do meu pai entre 2003 e 2005, concorda nesse caso. Foi ele, junto com o clínico-geral Roberto Zani, seu último médico, digamos assim — sem considerar os incansáveis colegas que trataram dele no Hospital Samaritano, como o Dr. João Mansur Filho.

— O problema é que os médicos, quando são pacientes, sabem o que tem que ser feito, mas não fazem. Alguns até exageram. Fazem exames desnecessários. Às vezes, negam que estão doentes e vão tocando a vida. Eles nunca têm a medida certa — diz Henrique.

Dr. Zani concorda:

— O professor Saad era aquele paciente indisciplinado, é isso. Totalmente rebelde. Fazia o que ele queria. Certa vez, cheguei a gritar com ele para que se internasse, porque ele estava muito mal. Aí ele me obedeceu. Mas ele desobedecia a todo mundo, exatamente porque todo mundo parecia ter medo de contrariá-lo. Eu, justamente por não ter medo dele, conseguia ter alguma atuação.

Dr. Zani também tinha, por coincidência, especial afeição pelas canetas Montblanc e por chocolate. Passou a tratar meu pai, a pedido dele próprio, como clínico, a partir do ano 2000.

— Naquele momento, ele já apresentava complicações como diabetes, hipertensão e problemas de vascularização, mas não seguia as recomendações e se negava a ser internado.

Por medo?

— Ah, sim — considera Dr. Zani. — O medo não é menor porque o paciente é médico. Ele desconversava, fugia pela tangente, mas, mais do que ninguém, sabia o que estava acontecendo. E mais: quando estava internado, ele perdia o controle sobre a situação. Como médico, sempre gostou de ter o controle sobre tudo o que ocorria com o paciente.

A famosa obesidade do meu pai, àquela altura, havia prejudicado o fígado de maneira irreversível. Quando decidiu recorrer ao Dr. Henrique Sergio, estava sofrendo com a cirrose hepática metabólica decorrente da esteatose hepática, a infiltração de gordura no fígado. Um quadro bem delicado, agravado pelo diabetes.

— Quando comecei a tratar o professor Saad, a doença estava bem avançada. Era fruto de um metabolismo alterado: com o excesso de peso e o excesso de insulina levando gordura para o fígado, as células hepáticas vão morrendo e deixando cicatrizes. O fígado atrofia, provocando a cirrose. No caso do professor Saad, a condição já tinha afetado o baço, por exemplo. Mais para o finzinho, ele ainda teve o entupimento de uma das veias que alimentam o fígado, agravando mais ainda a situação — conta o hepatologista.

Eventualmente, a condição afetava a memória e o raciocínio lógico do meu pai, devido a uma intoxicação por amônia, obviamente muito preocupante para quem vivia exercitando seu intelecto em benefício de outras pessoas doentes. Mas essa encefalopatia era ocasional. Cheguei a acompanhá-lo mais de perto, observando suas ações e consultas, a pedido do professor Henrique. Apesar da fragilidade, ele se manteve bastante bem.

Aqui vale um adendo: ainda hoje, a maioria das pessoas entende a cirrose como uma doença ligada ao alcoolismo. A gente sabe que meu pai não bebia sequer uma gota de vinho. O problema dele foi mesmo o consumo desregrado de alimentos, e daí as complicações ligadas à parte hepática.

O tratamento é perder peso antes que a infiltração gordurosa evolua e vá necrosando o órgão. Questão de prevenção.

Naquela época, não sabíamos que essa doença se tornaria tão comum. O professor Henrique, que conhecia meu pai desde o fim dos anos 1970, quando foi criado o Hospital Universitário da UFRJ, sabia do afeto dele pela boa mesa. Ele conta que não era incomum que meu pai levasse os residentes para a famosa Churrascaria Porção, da Ilha do Governador, a poucos quilômetros do Fundão. Era mesmo um imenso apreço pelos restaurantes. Só variava o endereço.

De uma maneira geral, o hepatologista reforça que algumas mudanças — para pior — ocorreram desde a virada do século:

— Hoje a cirrose metabólica é mais comum do que a cirrose alcoólica. Cerca de 30% da população têm gordura no fígado. Na verdade, você só tem 30% de pessoas com peso normal. Quando eu me formei, em 1973, a gente via 8% de obesos no Brasil. Em 2023, são 20% e 60% da população têm sobrepeso. Essas pessoas têm tendência a ter gordura no fígado. Ainda temos 10% de diabéticos e 20% a 30% de pessoas que têm gordura no sangue aumentada. Podemos dizer que há uma epidemia.

Meu pai nem pensava em abandonar seu trabalho diário, descansar um pouco mais. Cynthia é testemunha de como ele trabalhou praticamente até as últimas horas antes da internação derradeira.

— Dois dias antes da internação, fui à Clínica São Vicente ver um paciente com o professor Saad. Ele me pareceu bem fragilizado, mas discutiu o caso perfeitamente.

Ele ganhara de volta uma parte daqueles quilos que perdera antes da cirurgia em Cleveland, em 1991, mas o apetite não era o mesmo, claro.

— O professor Saad acabou sofrendo uma perda de peso importante, infelizmente involuntária — explica Cynthia. — O rosto ficou mais encovado, pálido, abatido. É o que a gente chama do consumo da doença. Ele já não estava se alimentando bem porque havia muitas restrições. Paciente com cirrose não pode ter sobrecarga de proteína, por exemplo, e tem que haver controle sobre a ingesta de líquidos.

O quadro foi se agravando em seus dois últimos anos. Ele era cuidado em casa, mas foi internado uma vez por causa da erisipela. As pernas começaram a inchar muito. Sobrevinham a erisipela de repetição e outros processos infecciosos. Ele não teve doenças que não fossem relacionadas à perda da função do fígado.

Apesar de tudo, meu pai costumava aparentar tranquilidade, controle. É o que minha mãe atesta hoje:

— Ele nunca se revoltou com a doença. Ele aceitava.

Cynthia complementa:

— Certo dia, ele quis sair para ver pacientes, e Dona Monica teve que trancar a porta do quarto. Até nessa hora ele pensava nos pacientes.

Meu irmão Sergio também recorda aquelas três longas semanas:

— Foi bastante difícil vê-lo no CTI na última internação. Evito as memórias. Tenho só alguns flashes, mas senti que ele estava indo embora pela voz, o jeito de falar.

No meio do vendaval, claro, estava minha mãe.

— Para Dona Monica, foi desesperador. Ela ficou meio estupefata naquele período. Quando ele faleceu, de madrugada, o Samaritano começou a encher. As pessoas chegavam. Muitos médicos choravam a perda do amigo. Alta madrugada e o hospital repleto — relata Cynthia.

Era sexta-feira, dia 3 de junho de 2005. Meu pai faria 70 anos um mês e nove dias depois.

## Vida que segue

Meu pai teve uma despedida emocionada. Multidões de amigos e pacientes no velório e no sepultamento. A primeira despedida foi na capela do Samaritano, ainda durante a madrugada. Depois seu corpo foi levado para o cemitério São João Batista, onde houve outro velório, muito, muito cheio de amigos, e ali ele foi enterrado.

A presença dele continua entre todos que ficaram. Foram incontáveis as vezes em que ganhei a confiança dos pacientes tão logo eles ficavam sabendo que eu era filho do professor Edson Abdalla Saad. Ouço comentários como "Ah, então já estou curada" ou "Então agora fico tranquilo"...

Pensamentos assim, tão gentis e sinceros, mostram que a força dele continua comigo e com cada um de nós da sua grande família. No discurso de posse na Academia Nacional de Medicina, ele havia dito que gostaria de deixar um legado de amor. Claramente, sua missão foi cumprida: além da extraordinária capacidade como médico, ele deixou exatamente esse imenso, inesquecível caminho de amor, dedicação, afeto, espírito público, doação, respeito.

Esse legado é quase tão gigante quanto a saudade.

## E, antes do fim...

Às vezes, os comentários mais importantes surgem no fim da conversa. Agora, depois de recuperar essa linda trajetória com nossos primos, amigos e colegas do meu pai e, principalmente, com meus dois irmãos e suas famílias, salta aos olhos emocionados a necessidade de reforçar o papel da minha mãe.

Claro que ela permeou todo este livro e contribuiu, na prática, para dezenas de histórias resgatadas do passado. Mas, num olhar mais rápido, pode parecer que é uma coadjuvante. Não: é um grande erro pensar assim. A Monica, "Moníca", "Moniquica" e "Princesa" — como meu pai a chamava, com tanto carinho — foi sempre um pilar fundamental na vida do professor Edson Abdalla Saad. Continua sendo essencial na preservação da memória.

A convivência de 55 anos, entre namoro e casamento, traz luz para o incrível ajuste dessa parceria. Meu pai só teve paz e tranquilidade para cuidar da sua carreira por causa do apoio da minha mãe, que gerenciava tudo. Sim, foi ela quem segurou o dia a dia da família. Três filhos em constante movimentação, uma casa enorme, eventos que podiam chegar a reunir centenas de pessoas... Nada era fácil — tudo pilotado por ela. Não foram poucas as lembranças de minha mãe recortando e colando fitas de eletrocardiograma para palestras e artigos do meu pai, ajudando a preparar as aulas.

Havia as incontáveis delicadezas que eles dedicavam um ao outro. Algumas delas planetárias, por assim dizer: quando ele ia a Europa sem ela, dava um jeito de passar na Holanda e trazer tulipas, a flor que minha mãe mais amava.

De parte a parte, deram ao longo de décadas uma aula de convivência, de respeito e relacionamento. Fizeram a coisa funcionar. Ela, mais explosiva, expansiva, pragmática; ele, mais apaziguador, reservado e muito, mas muito desligado de certas questões — como as burocráticas.

No final das contas, o bom humor sempre se fazia presente.

Para minha mãe, estar ao lado dele era não uma obrigação,

mas um prazer renovado. Temos essa certeza até hoje. No decorrer da confecção deste livro, ela foi mais uma vez fonte inestimável de lembranças, ideias e de afeto, de risos e emoção. Tanto que, já na finalização, ela mandou um versinho singelo que resume seu próprio sentimento: "A mais bonita lágrima é a da saudade/ pois ela nasce dos risos que já se foram, / dos sonhos que nunca acabam/ e das lembranças que não se apagam".

Meu pai está presente em todos nós, não há dúvida, e fortemente presente no coração dela.

Assim, ficam registrados aqui nosso carinho gigantesco, o amor e o imenso agradecimento à nossa Monica, "Moníca", "Moniquica", a "Princesa".

# Agradecimentos

A família Saad agradece profundamente a ajuda de tanta gente querida que abriu mão de seu tempo – artigo valioso – para lembrar meu pai. Foram muitas histórias, lágrimas eventuais, sorrisos constantes e a maravilhosa unanimidade em torno da trajetória que ele cumpriu. Tudo isso veio ratificar aquilo que sabíamos, mas foi muito emocionante e gratificante reconfirmar: Dr. Edson Abdalla Saad era único e extraordinário como médico, como educador e como ser humano em todas as suas facetas. Assim, nosso muito obrigado vai para:

Sergio Pereira Novis, amigo tão próximo e gentil prefaciador.

José Galvão-Alves, que assumiu o texto da orelha de apresentação com afeto.

Ao amigo Nelson Sendas, que foi o - docemente insistente - motor da ideia de escrever essa biografia. Sem ele, o projeto tão acalentado não teria saído do campo do desejo.

Aos médicos que foram incansáveis, até reverentes, no cuidado de meu pai nos momentos mais difíceis: Roberto Zani, Henrique Sérgio Moraes Coelho, Luís Felipe Camillis e João Mansur.

Alexandre Pinto Cardoso
Alice Reis Rosa
Bernardo Schiller
Carlos Alberto Barros Franco
Charles Mady
Claudia Saad Magalhães
Cláudio Benchimol
Cláudio Domênico
Eduardo Fraga
Evandro Tinoco
Gerardo e Sonia Fortes
Germana Guinle
Gilberto Ururahy
Gláucia Maria Moraes de Oliveira
Jamil Saad
Jardel e Anna Sebba
Luiz Bernardo Kac
Luiz Felippe Mattoso
Luiz Roberto Londres
Marcelo Vieira Gomes
Mario Saad
Nair e Cecilia Bacelar
Nelson Albuquerque de Souza e Silva
Protásio Lemos da Luz
Rodrigo Portugal
Ronaldo Leão
Sergio e Titina Quintela
Wolmar Pulcheri
e à Sociedade Brasileira de Cardiologia

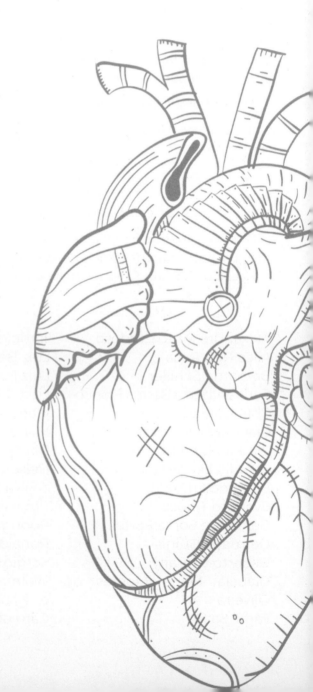

# DOIS ARTIGOS NO ÂMBITO DA
# SOCIEDADE BRASILEIRA DE CARDIOLOGIA

A gestão de Juarez Ortiz (2002/2003) na Sociedade Brasileira de Cardiologia colocou como primeira de suas metas a educação médica continuada, que alcançasse não apenas médicos filiados ou próximos, mas todos os possíveis profissionais de saúde em locais distantes. Nas palavras do Dr. Ortiz: "Educação médica continuada, de maneira a atingir todos os cardiologistas, mas, fundamentalmente dirigida àqueles menos favorecidos e que se encontram nos rincões mais distantes do Brasil."

*Nessa capacidade, meu pai assumiu a edição de artigos e propostas nos veículos de comunicação da SBC. Uma pequena amostra segue abaixo, que reproduzimos com a autorização da Sociedade e a quem agradecemos.*

*O primeiro é o artigo inaugural da série. Já o segundo discorre sobre uma das mais incríveis habilidades que um médico pode desenvolver: o exame à beira o leito. Vale ler as palavras do próprio Dr. Saad.*

# APRESENTAÇÃO E OBJETIVOS DA SÉRIE DE ATUALIZAÇÃO CARDIOLÓGICA DA SOCIEDADE BRASILEIRA DE CARDIOLOGIA

Senti-me mui honrado com o convite da diretoria da Sociedade Brasileira de Cardiologia, especialmente na pessoa do seu presidente, Juarez Ortiz, e do presidente da comissão científica, Rubens Darwich, para editar estes cadernos de atualização em cardiologia.

Nós vivemos atualmente uma fase muito singular da medicina. Os avanços tecnológicos e o tratamento cardiológico, associados à difusão da informação via internet, transformaram sobremodo a relação professor/aluno, entre aquele que sabe tudo e aquele que não sabe nada, para a relação de associação entre duas pessoas desesperadamente à busca da própria educação continuada. Por outro lado, o avanço tecnológico trouxe consigo a divisão da especialidade em inúmeras partes praticadas por profissionais ilustres que se dedicam estritamente a uma área pequena da cardiologia em profundidade, mas não em extensão. Dessa maneira, chegaremos a uma situação em que, entre mestres em determinados procedimentos diagnósticos ou terapêuticos e aqueles que se dedicam aos pacientes, haverá uma divisão e não uma colaboração adequada. Por outro lado, a influência da informação advinda da indústria de equipamentos ou da indústria farmacêutica, com a participação de profissionais médicos, tem veiculado, e quase que promovido, métodos e condutas que nem sempre resistem a uma análise crítica mais aprofundada. Assim, vejam estes fascículos não como a contribuição dos que tudo sabem àqueles que sabem menos, ou daqueles que exercem a medicina à beira do leito em seus consultórios apenas, mas como uma associação entre pessoas e médicos dedicados à sua educação continuada.

Tenho muita honra em ser o editor destes fascículos, que certamente contarão com a contribuição de inúmeros profissionais da mais alta estirpe.

Estes fascículos têm como objetivo:

- A difusão de informações sobre os avanços mais recentes em cada área da cardiologia, vistas com um juízo crítico aprofundado por quem, com experiência adequada e visão crítica, pode sugeri-las ou aconselhá-las aos demais. Neste particular, escolhi médicos de escol. Porém, como editor, reservo-me o direito de questionar alguns tópicos, emitir a opinião do editor em outros e ser extremamente rigoroso no nível de atualização e no juízo crítico, independentemente do que se está a propagar. O grande objetivo destes fascículos é, assim, transmitir o que existe desses avanços aplicáveis à prática médica, como fizeram-na avançar e em que sentido.

- Finalmente, mas não menos importante, uma preocupação nos tempos modernos é com a cultura humanística do médico. Eu a considero parte da educação continuada. A cultura é fundamental não só para melhorar a relação médico/paciente, mas para transformar o profissional em alguém de inteligência superior e visão de mundo, que age em uníssono com o interesse mais legítimo dos pacientes, independentemente da remuneração. Mas a cultura humanística é também o que prepara o médico para a compreensão da sociedade, a compreensão dos indivíduos, a compreensão dos valores humanos. Daí sua grande importância. Lamentavelmente, temos visto, nestes últimos anos, uma evolução no sentido do abastardamento dos conhecimentos gerais e humanísticos, transformando-se o médico, principalmente, em um ser tecnológico que age por vezes com pouca ligação com os valores humanos e o interesse dos pacientes, para deter-se na definição técnica dos problemas e na escolha dos métodos apropriados para tratá-los.

Por essa razão, decidi, após consultar inúmeros colegas, que, em cada fascículo, as quatro ou cinco primeiras páginas conterão assuntos de cultura humanística. Eles variam, desde informações sobre os vários aspectos dos cuidados médicos, até ética, literatura, poesia, filosofia, arte, música e outros tópicos que constituem o encanto da vida e um modo peculiar de aproveitá-la, que é sobremaneira indispensável para os profissionais da área da saúde. Embora eu pretenda, quem sabe numa visão arrogante e personalista, escrever a maioria dos tópicos, com certa frequência solicitarei a grandes figuras médicas que o façam, parcialmente pelo menos.

Para a escolha dos temas de cada fascículo, assessorei-me de brilhantes inteligências jovens, cuja participação agradeço sobremodo. Pretendemos ter selecionado um plantel de especialistas de altíssimo nível, mas jamais que eles sejam os únicos disponíveis no cenário médico brasileiro. Peço que aceitem as seleções feitas ao longo dessa jornada, posto terem sido bem-intencionadas, admitidamente com alguns erros por omissão ou por esquecimento. Entretanto, por mais contundentes que possam ser, resultaram da melhor das intenções e sem nenhum juízo de valor de outros colegas queridos do maior nível. Iniciemos, pois, essa fascinante jornada de aproximadamente dois anos e meio ao longo da cardiologia. Espero que a leitura destes fascículos seja amena, altamente proveitosa e que, no fim da mesma, tenham-se enriquecido em conhecimentos e, talvez, até se divertido um pouco.

Frequentemente, nos dias de hoje, na prática clínica, o exame à beira do leito é considerado desnecessário e perda de tempo. Na realidade, os instrumentos investigativos disponíveis hoje em dia são muito superiores ao exame à beira do leito para estabelecer o diagnóstico da anomalia anatômica presente e a severidade das suas consequências fisiopatológicas. Contudo, tão-somente o exame à beira do leito nos permite conhecer o paciente, entendê-lo, conhecer seu sofrimento, suas expectativas, e estabelecer um relacionamento sadio com o mesmo.

Edson A. Saad

*Professor titular de cardiologia da Universidade Federal do Rio de Janeiro; professor titular de cardiologia da Universidade Federal Fluminense; e membro titular da Academia Nacional de Medicina.*

# O EXAME CLÍNICO: *HIGH TECH OU LOW TECH?* QUAL O SEU PAPEL NA CARDIOLOGIA MODERNA?

O exame clínico à beira do leito dá informações extremamente úteis sobre o diagnóstico e as possibilidades etiológicas de valvulopatias, miocardiopatias e doença pericárdica, que podem ser confirmadas por testes invasivos ou não-invasivos. O exame físico é também útil para decidir que investigações são apropriadas para estabelecer o diagnóstico. Além disso, uma avaliação clínica adequada é útil para estimar a resposta terapêutica e o prognóstico do paciente. Não há, na realidade, um substituto para a informação derivada de um exame clínico cuidadoso. No entanto, é preciso salientar que esse exame precisa ser minucioso e constar de todos os detalhes que permitam conclusões fisiopatológicas e etiológicas, conforme até aqui descrito.

Um exame clínico superficial, sem buscar os dados relevantes na procura dos mecanismos fisiopatológicos e etiológicos, é realmente desnecessário e pode ser substituído por teste diagnóstico, mas o papel do exame físico adequado é cada vez mais significativo, mesmo na medicina dos nossos dias. Ele deve, por isso, ser praticado mais, e não menos, pelos médicos de hoje. Uma limitação importante do exame físico é a falta de conhecimento sobre a especificidade, a sensibilidade e o valor preditivo dos sinais e sintomas. Na realidade, isso diminui um pouco seu valor diagnóstico, mas essa mesma falta de especificidade, sensibilidade e valor preditivo existe para a grande maioria dos sinais encontrados nos exames complementares, e o exame clínico serve, em conjunto com eles, para avaliar devidamente o diagnóstico e quantificar a severidade das lesões encontradas. Nos anos futuros, novos estudos, até aqui efetuados de maneira tímida e incompleta, precisam ser realizados para se avaliar sensibilidade, especificidade e valor preditivo de cada um dos sinais ao exame físico. Assim, ele se tornará cada vez mais específico e cada vez mais a pedra fundamental do diagnóstico clínico.

Nos últimos anos, avanços tecnológicos de suma importância têm surgido, de sorte a fazer parecer menos importante o exame clínico à beira do leito. No cenário de todas essas alterações, é confortador lembrar que muitas das bases da cardiologia continuam as mesmas. Embora muitos paradigmas estejam mudando, alguns permanecem fundamentos e quase imutáveis, e o mais importante deles é o diagnóstico à beira do leito. Podemos dizer, com toda a certeza, que o exame clínico do paciente à beira do leito suportou e venceu o que provavelmente é o teste mais severo na ciência: o teste do tempo. A despeito da confiabilidade dos achados auscultatórios no diagnóstico cardiológico e no prognóstico, e a despeito da grande relação custo/efetividade da escuta cardíaca, uma situação desapontadora surgiu nos últimos anos: a escuta cardíaca é às mais das vezes realizada mal, e a confiabilidade dos relatórios dos achados é extremamente questionável. É uma constatação lamentável que, no presente momento, muitos grandes médicos e até mesmo muitos grandes especialistas em cardiologia não estejam aplicando toda informação que pode ser obtida com uma simples escuta cardíaca. Nesta era de aparelhos complicados, é essencial, para o diagnóstico e o tratamento, um bom exame clínico do paciente. Como os custos médicos estão aumentando, é cada vez mais necessário e imperativo obter todas as informações e ajuda de métodos tão baratos e confiáveis, como o estetoscópio.

É lamentável que, nos dias presentes, a falência do exame à beira do leito não seja resultado da falta de progresso médico, mas sim de uma atrofia pelo desuso. O grande papel do exame clínico é orientar que métodos de exames complementares devam ser solicitados para esclarecer dúvidas diagnósticas. Muito se fala, e até com desprezo, no uso de baixa tecnologia, que inclui a história clínica e o exame físico, em oposição à alta tecnologia, que inclui os exames complementares. Quanto menos se conversa com o doente, quanto menos se o examina com proficiência, mais se utilizarão os exames de alta tecnologia, por vezes incluindo uma percentagem extremamente alta de exames desnecessários.

De resto, o termo baixa tecnologia é absolutamente impróprio para qualificar as habilidades de história e exame físico, uma vez que eles usam o mais sofisticado dos instrumentos, que é o cérebro humano, associado ao mais sensível e mais admirável dos instrumentos, que é o coração. Embora essa necessidade de retorno à qualidade básica (hands on) como conduta médica esteja se tornando cada vez mais evidente, lamentavelmente os médicos em treinamento atualmente não aprendem os requisitos de habilidades diagnósticas para assegurar que um exame clínico adequado e frutífero possa ser feito. Nos Estados Unidos, inquéritos nacionais têm chamado atenção para deficiências significativas que existem nos programas de treinamento relacionados ao exame clínico cardiológico. Muitas vezes, os estudantes ou jovens médicos dão mais valor e acreditam apenas em novos testes laboratoriais dispendiosos, e não nos finos detalhes da história e na realização de um exame físico cardiovascular competente.

Além disso, a avaliação clínica do paciente cardiopata, especialmente nos departamentos de emergência e nas unidades de terapia intensiva, evoluiu para um estado de apenas inspeção do paciente e realização de bateria de testes extremamente dispendiosos e intervenções agudas. O resultado é que os médicos, nesses departamentos, raramente usam o estetoscópio (se é que alguma vez o fazem) e, se o fazem, é de uma maneira muito limitada, como, por exemplo, para confirmar a localização de um tubo endotraqueal, ou para avaliar os sons respiratórios, ou mesmo para declarar um paciente vivo ou morto.

Um estudo recente demonstrou, entre clínicos e médicos de família, que apenas 20% dos sons mais comuns e sopros, que poderiam ser diagnosticados com o estetoscópio, são reconhecidos pelos mesmos. Esse fato é particularmente perturbador, especialmente no cenário dos cuidados gerenciados, que atribuem cada vez mais a responsabilidade do diagnóstico e do tratamento das doenças cardíacas aos clínicos gerais, que funcionam também como gatekeepers para a realização de exames especializados ou exames complementares.

Além disso, apenas um quarto dos programas americanos de medicina interna e um terço dos programas cardiológicos oferecem um ensino estruturado da escuta cardíaca. Triste, porém verdadeiro. No passado, e felizmente sendo revigorado nos dias de hoje, o estetoscópio era considerado uma identificação honrada pelo tempo da profissão médica, e, a virtuosidade estetoscópica, uma condição sine qua non do clínico consumado, mas os tempos e as modas mudam.

A despeito da economia que ele traz, existe uma crescente concepção errônea, especialmente entre os jovens clínicos hoje em dia, de que o exame clínico cardiovascular é antiquado, alguma coisa do passado, e que a escuta cardíaca é uma perda de tempo. Muitos desses médicos ou estudantes questionam por que eles devem ouvir o paciente quando existe um ecocardiograma disponível facilmente. Contudo, em adição à sua importância diagnóstica, a avaliação clínica ajuda a conservar uma outra *commodity* escassa na prática contemporânea da medicina, qual seja, o reconhecimento da dimensão interpessoal da arte de curar e o valor terapêutico do contato físico entre o paciente e seu médico. Nesta era de alta tecnologia e cuidados gerenciados, a prática da medicina tornou-se muito impessoal, mais instrumental e desumanizante na sua maneira de ser exercida. A sensação de cuidado e conforto que o paciente recebe com o exame clínico e com a atenção do médico para com ele acelera o estabelecimento de um relacionamento e uma confiança que são muito importantes na privilegiada e sagrada relação médico/paciente. Poderíamos dizer (Perry, 1996) que ninguém se importa com o quanto você conhece até que ele conheça o quanto você cuida dele. No nosso país, com suas grandes discrepâncias regionais, com uma pobreza lastimável e com os parcos recursos disponíveis em grandes regiões do interior e através do Sistema Único de Saúde, torna-se o diagnóstico clínico ainda mais imperativo e importante.

Na realidade, também no mundo de hoje os pacientes estão demandando muito mais cuidados pessoais, embora os médicos continuem a exibir uma fascinação pelos procedimentos diagnósticos *high tech*, mais glamourosos, que cursam paralelamente com sua disponibilidade generalizada e frequentemente com mais gratificantes aspectos econômicos. Tudo isso tem sido responsável pelo treinamento de uma geração de médicos jovens que não mais sabem examinar adequadamente. Fica muito evidente que uma das grandes necessidades da educação médica hoje em dia é reenfatizar o ensino das habilidades diagnósticas clínicas como um método fundamental de avaliação cardiovascular. Uma das dificuldades desse procedimento é a necessidade de persistência e treinamento continuado dos métodos de exame físico. À medida que nós adentramos no século XXI, não existe dúvida de que a prática da cardiologia continuará a se desenvolver e mudar com o tempo.

Dentro desse mar de mudanças, contudo, há uma coisa que certamente permanecerá constante: os pacientes continuarão a apresentar os mesmos sintomas e os mesmos sinais clínicos pelas mesmas razões (Richardson e Moody, 2000). Em que pesem o retorno do clínico às habilidades do exame físico e a quase exigência dos pacientes para tal, o assunto ainda é controverso, como exemplificado em dois comentários ao artigo "Bedside Cardiac Examination: Constancy in a Sea of Change", por Richardson e Moody. O Dr. Pravin M. Shah afirmou que, "na sua revisão sobre a ciência e arte da escuta, os Drs. Richardson e Moody fazem uma apaixonada defesa para uma maior ênfase nas habilidades e sutilezas da escuta à beira do leito na educação de estudantes e médicos residentes".

Quando realizada com precisão magistral, a escuta cardíaca oferece uma experiência impressionante, que satisfaz o ego do especialista, especialmente quando ela é realizada em frente a neófitos, tais como médicos e estudantes de medicina. Contudo, várias realidades merecem ser também enfatizadas: em primeiro lugar, a escuta cardíaca é subjetiva e, portanto, difícil de ensinar apesar das novas tecnologias. Uma vez aprendida, ela deve ser praticada muito frequentemente para poder ser realizada com propriedade. Segundo, em comparação com a acurácia da ecocardiografia diagnóstica, por exemplo, a acurácia da escuta cardíaca não é suficiente. Eu estou ainda para cruzar com um cardiologista que não tenha solicitado um ecocardiograma para um paciente com sopro cardíaco antes mesmo de realizar uma escuta cuidadosa à beira do leito. Os médicos residentes que observam essa prática não podem ser acusados por "cortar o homem no meio" e simplesmente requisitar um ecocardiograma.

O currículo das escolas médicas se torna mais amplo com o tempo. A maior parte dos estudantes de medicina não vai ser cardiologista. Portanto, por que ensinar as nuances da escuta cardíaca? Seria melhor enfatizar simples e poucas habilidades, tais como: existe um sopro cardíaco? É esse sopro sistólico ou diastólico? Tem ele as características de um sopro inocente ou sopro de fluxo? Pode-se razoavelmente sugerir não ultrapassar esses limites. Um residente de medicina ocupado pode ser ensinado a reconhecer uma terceira e uma quarta bulha, mas a escuta detalhada à beira do leito, com manobras diversas, deve constituir uma parte importante do currículo somente para o treinando em cardiologia.

Essa minha opinião é baseada em uma experiência pessoal dedicada à escuta cardíaca e ao conhecimento das forças e das limitações da ecocardiografia. Os Drs. Richardson e Moody devem ser cumprimentados pela sua revisão do exame à beira do leito, nesta era moderna de alta tecnologia em cardiologia, e por manterem viva a paixão. A seguir, o Dr. Roberts afirma: "O Dr. Shah cruzou agora com um cardiologista, o editor deste jornal, que frequentemente não pede um ecocardiograma para pacientes com um sopro cardíaco. Quando eu acredito que esse sopro seja inocente, não pedir um ecocardiograma economiza, para o paciente ou o sistema de saúde, cerca de R$1.500. Por outro lado, o diagnóstico de regurgitação fisiológica mitral ou tricúspide, pelos ecocardiografistas, frequentemente leva confusão ao médico solicitante e ao paciente que não tem nenhuma doença cardíaca ou sintomas de doenças cardíacas. O eco certamente também não é um standard perfeito".

Respondendo à parte de ensino, técnicas modernas podem ser aplicadas com perfeição ao ensino da auscultação por um CD-ROM de escuta cardíaca, no qual os eventos da escuta são marcados e podem ser identificados. Na realidade, sem esses elementos, é impossível dizer-se qual é a terceira bulha ou qual o sopro mesodiastólico de baixa frequência. Com essas técnicas, a escuta cardíaca deixa de ser ensino subjetivo e passa a sê-lo em bases científicas. O exame físico pode também ser demonstrado em outro CD sobre o exame físico, onde são mostrados desde a atitude do médico até os dados mais aparentemente sutis perceptíveis: a arte de examinar… com prazer!

# MAIS UM ARTIGO

*Esse texto estava entre os documentos de casa — não sabemos se foi publicado, ou, se foi, em que veículo. Mas, escrito certamente pouco antes da virada do milênio, permanece incrivelmente atual.*

## OS DESAFIOS DE UM CARDIOLOGISTA PARA O ANO 2000 E ADIANTE

Nós, cardiologistas, nos encontramos diante de inúmeros desafios. Para vencê-los, há que se ter muita perseverança e muita criatividade.

O primeiro desafio é o próprio exercício profissional. Ele foi deixando progressivamente de ser liberal para ser colocado sob a égide do Estado ou dos seguros-saúde.

Com isso, diminuiu a satisfação profissional, deteriorou-se a relação médico-paciente e, por certo, influiu na redução da qualidade dos cuidados médicos.

Nosso tempo nos traz outra grande ameaça: a dos "cuidados gerenciados", versão patrícia dos *Managed care* e das *Health maintenance organizations*. Sob essas siglas, se esconde a redução do status do médico-funcionário, esvai-se a relação médico-paciente e se subordina o médico a orçamentos que deixam lucro demais aos gestores e recursos de menos aos médicos e pacientes. À sobremesa, reservam-se ainda punições (demissão) aos afoitos médicos que dispenderem mais do que seu orçamento para um grupo de pacientes. Há que se resistir, sem retorno, congregando a classe, mobilizando-se as sociedades profissionais.

Outro desafio é nossa própria educação continuada. Difícil como possa ser, pela profissão e pela adversidade do conhecimento, pela nossa notória carência de tempo e até pelo custo elevado das publicações e congressos, esses não são os desafios maiores.

O maior de todos é a avaliação correta e crítica da informação veiculada, especialmente a referente à medicina baseada em evidências.

A medicina baseada em evidências respondeu aos anseios de pautar condutas e procedimentos terapêuticos, em demonstrações inequívocas de evidências, e de aplicá-los na prática — há que se conhecer, das populações estudada, os subgrupos, os métodos e os *end-points*, uma tarefa formidável que talvez já hoje ultrapasse a memória dos mortais (e dos que são, como eu, "imortais" da Academia Nacional de Medicina).

Contudo, a forma com que vêm sendo apresentados os resultados dos estudos randomizados, que constituem o eixo principal da medicina baseada em evidências, é, frequentemente, enganosa, e demanda um acurado espírito crítico para sua avaliação. Para dar apenas um exemplo: a redução de risco relativo de 40% pode corresponder a uma redução absoluta de mortalidade de uns poucos por cento.

Fala-se em "tendência a" nesse tipo de estudo — falácia, pois eles se destinam a provar evidências e excluem tendências.

Mas, ao exercer juízo crítico, é necessário distinguir seu significador e não permitir que vícios menores se generalizem e invalidem, para si, um estudo com méritos.

Passando pelos desafios da formação do cardiologista, chegamos ao maior de todos. Numa era em que se afrouxam os laços éticos e morais, em que o ser humano se torna progressivamente mais individualista e quase egoísta, como manter o encantamento com a profissão? A resposta é: exercê-la com o amor dos bancos escolares, renovar a paixão a cada diz, amar a cada um dos seus enfermos, irrestrita e incondicionalmente.

A receita fica para a reflexão de cada um.

Desejo terminar essas linhas com um voto aos que deram a honra de lê-las. Vem de uma frase que eu ouvia de meu pai que, na beleza da língua árabe, quando eu ainda a entendia. Ele dizia amorosamente à minha mãe: "É tão grande o encantamento, que eu a olho e não acredito estar vendo".

O maior desafio para a cardiologia, hoje, é exercê-la com amor e receber, por isso, a bênção de todos.

Segunda edição: março de 2024
Papel de capa: cartão triplex 250g/m²
Papel do Miolo: Couchê brilho 90g/m²
Impressão: Zit Gráfica e Editora